JN124664

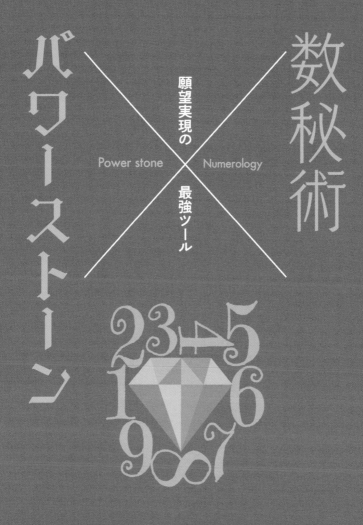

数秘術

バワーストーン

願望実現の　最強ツール

Power stone　Numerology

水谷奏音

説話社

パワーストーンを
おしゃれに日常使いする!

自分の気持ちが高まる
付け方をすることがポイント

ブレスレット *Bracelet*

左:〈使用しているパワーストーン〉
ローズクォーツ、モルガナイト、
ペリステライト、アクアマリン、
サファイア、ルチルクォーツなど。
ローズクォーツなど愛情系を高め
てくれるパワーストーンをメイン
に、女性性や魅力を引き出せるよ
う、願いを込めた組み合わせ。

中央:〈使用しているパワーストーン〉
ペリステライト、ルチルクォーツ、
ラリマー、グリーントルマリンなど。
ライフ・パス・ナンバーの数「11」
の石であるペリステライトと、全
体運を底上げしてくれるパワーが
あるルチルクォーツをメインに。
アクセントにラリマーを入れ、穏
やかな心もキープできるよう願い
を込めて。

右:〈使用しているパワーストーン〉
アクアマリン、ラリマー、ムーンス
トーン、ペリステライトなど。
アクアマリンとラリマーのブルー
系と、ムーンストーンとペリステ
ライトのホワイト系を組み合わ
せ、さわやかなイメージに。相手
の気持ちにより添えるコミュニ
ケーションができるよう願いを込
めて。

Ring

リング

〈使用しているパワーストーン〉ダイヤモンド

ダイヤモンドのエタニティリング。
どの数の人が身につけても強力なサポート
をしてくれるダイヤモンドは、いつでも強
い味方に! 左手の中指にすると、直感力
を高めてくれる効果があります。

重ねづけしてもうるさくないようさわやかに。

でも、幸運をたくさんキャッチできるように！

イヤリング *Earring*

〈使用しているパワーストーン〉 クォーツ

11の数＋クォーツのイヤリング。
ライフ・パス・ナンバーの数「11」と色「シルバー」
を着用して、数のパワーを味方に！ 揺れるタイ
プのイヤリングで、さらに幸運をキャッチ。クォー
ツはオールマイティの効果を発揮してくれます。

シンプルに統一感を持たせて。
場面に合わせてパワーストーンを選択する！

Ring

リング

〈使用しているパワーストーン〉 ダイヤモンド

ダイヤモンドのイニシャルリング。
勝負をかけたいとき、実力を出し切りたいときも、ダイヤモンドはおすすめです。
直感力を高めてくれる効果がある、左手の中指に着用。

ブレスレット

〈使用しているパワーストーン〉
ホワイトカルセドニー、サファイア、
クォーツ。

人との絆を深めてくれるホワイトカ
ルセドニーをメインに、穏やかな人
間関係を築けるよう、願いを込めて。

ペンダント

〈使用しているパワーストーン〉 パール

パールのステーションネックレス。
ロングペンダントは素直に気持ちを
伝える効果があります。凛とした品
を持つパール。愛情はもちろん、女
性性や母性も育ててくれ、 人間性
に幅を持たせてくれるパワーストー
ンです。

Bracelet

Pendant

Earring

イヤリング

〈使用しているパワーストーン〉 クォーツ

クォーツの1粒イヤリング。
幸運をキャッチしやすい揺れるタイ
プのものを。クォーツはオールマイ
ティの効果を発揮してくれます。

ブレスレット

左：〈使用しているパワーストーン〉
クォーツ、ルビー、ピンクトルマリン、サファイア、アクアマリンなど。

強い守護と開運に導くといわれる四神が掘られているクォーツをメインに、お守りとして身につけているブレスレット。

右：〈使用しているパワーストーン〉
ルチルクォーツ、ルビー、グリーントルマリン、ピンクトルマリン、パイライトなど。

強力な魔除け効果があるといわれる五芒星のクォーツをメインに、縁と成功と財を引き寄せてくれる組み合わせ。

イヤリング *Earring*

〈使用しているパワーストーン〉
アメシスト・パール

アメシストとパールのイヤリング。幸運をキャッチしやすい揺れるタイプのものを。アメシストとパールの組み合わせは、心を穏やかに安定させ、自分にとって必要な縁を引き寄せてくれる効果があります。

Ring

リング

〈使用しているパワーストーン〉
パール・ダイヤモンド

1粒パールとダイヤモンドのリング。
人間関係をスムーズにし、良縁を呼び込む効果が。また、自分の意志で立てるよう、感情面を強くしてくれる組み合わせです。左手の中指に着用し、ひらめきを呼び込みます。

パワーストーン組み合わせ例 ③

強力な魔除けを身につけても
"いかにも……"というイメージにならないように。
品良くパワーストーンを取り入れる!

はじめに

「数秘術とパワーストーンを組み合わせると、願望実現の最強ツールになりますか？？」

　そんな問いがきっかけで、本書は誕生しました。

　そうです、数秘術とパワーストーンを組み合わせると、願望実現の最強ツールになり得ます。

　とはいえ、それは数秘術で自分に縁のある数を知り、自分に合うパワーストーンを身につければよい、という単純な話ではありません。なぜなら、数や石に魔法のような力があって、自分はなにもしなくても願いを叶えてくれる、という夢のような話ではないからです。

　ではなぜ、数秘術とパワーストーンが願望実現の最強ツールといえるのでしょうか？

　それは、数秘術誕生の背景や、現代におけるパワーストーンの効果などに答えのカギがあるといえるでしょう。じっくり本書を読んでいただき、ぜひその答えを紐解いていただけ

ると嬉しいです。

　もちろんここでは、決して「目に見えない世界」を押しつけているわけではありませんし、かといって「目に見える世界」がすべてだとお伝えしているわけでもありません。この世界はそうした二者択一の世界ではなく、どちらも否定せずに、どちらも受け入れる、そんな柔軟な心とバランスが大切だということを、最初にお伝えしておきたいと思います。

「パワーストーンを購入したのに効果がなかった」

　と嘆いた経験がある人も、本書を読んでいただいたら、きっと納得できる答えが見つかるのではないでしょうか。そうなると嬉しいなと心から願っております。

　わたしがいつも思っていることは、こうした目に見えない世界に触れるときこそ、地に足をつけて（たとえ「風の時代」だといわれている今でも）、上とつながる（目に見えない世界、宇宙とつながるイメージを持つ）ことが大切だということです。この「地に足をつけて」という現実的な部分をおざなりにすると、本来だったらスムーズに叶えられるはずの願望も、引き寄せづらかったり、必要以上に時間がかかったりする可能性があると感じています。なぜなら、やはりわたしたちは

この目に見える現実を生きているからです。

　さて、ありがたいことに、2019 年に数秘術の通信講座が始まってから、2020 年には数秘術の最初の本が出版されました。その後、毎年数秘術に関する本が出版され、本書で 4 冊目になります。1 冊目は数秘術の基礎、2 冊目は数秘術と引き寄せ、3 冊目は数秘術と占星術、そして本書が、数秘術とパワーストーンです。

　パワーストーンに最初に触れたのが、今から 20 年以上前になります。占いはもう少し前からのつきあいになりますが、いずれにしても 20 年以上パワーストーンとともに過ごしてきました。こんなに長いつきあいになるとは思いませんでしたが、わたしにとって占いもパワーストーンも、それだけ魅力のあるツールなのだと改めて感じています。

　占いの中でも数秘術は、占い特有ともいえる決定論的発想がない占術です。そこが他の占いとの大きな違いであり、魅力であり、また数秘術が「願望実現の最強ツール」となり得る要因だともいえるでしょう。

　パワーストーンは、それぞれが固有の振動を持っていて、わたしたちに働きかけてくれます。ここについてはぜひ本書を

読んでいただきたいのですが、簡単にいえば、石と自分の波動が共振することで、心身ともに正常な状態に導いてくれるということになります。ここが願望実現に不可欠で、目標や夢を叶えるスタートラインに立てるポイントとなるのです。

「開運の基本」は３つあると、わたしは本書で述べています。そして、その土台が「数秘術」と「パワーストーン」にあるといっても過言ではないと感じています。この２つを掛け合わせ、上手に取り入れることができれば、きっとあなたの願いはどんどん叶っていくでしょう。

　この本をきっかけに、願望実現が可能となり、幸せを感じる人が増えるなら、これほど嬉しいことはありません。自分に縁のある数を意識し、パワーストーンを身につけることで、この本を手にとってくださったあなたの人生と未来が、より豊かになっていくことを心より願っております。

水谷奏音

contents

口絵 ……………………………………………………………… 2

はじめに …………………………………………………………… 8

第1章

数秘術についての基礎知識

数秘術（モダン・ヌメロロジー）ってなに？ …… 18

数秘術で扱う「数」について ……………… 21

コア・ナンバーズについて ……………………… 22

ライフ・パス・ナンバーについて …………… 24

ライフ・パス・ナンバー 1 ……………………… 26
ライフ・パス・ナンバー 2 ……………………… 28
ライフ・パス・ナンバー 3 ……………………… 30
ライフ・パス・ナンバー 4 ……………………… 32
ライフ・パス・ナンバー 5 ……………………… 34
ライフ・パス・ナンバー 6 ……………………… 36
ライフ・パス・ナンバー 7 ……………………… 38
ライフ・パス・ナンバー 8 ……………………… 40
ライフ・パス・ナンバー 9 ……………………… 42
ライフ・パス・ナンバー 11 ……………………… 44
ライフ・パス・ナンバー 22 ……………………… 46
ライフ・パス・ナンバー 33 ……………………… 48

数の特性について …………………………………… 50

第2章

パワーストーンについて

パワーストーンとは……………………………………52

天然石の歴史……………………………………………53

天然石が魔除けやお守りとされた理由………………54

日本と欧米における天然石の認識……………………55

パワーストーンの効果 〜自然治癒力〜 について……56

古代と現代におけるパワーストーン…………………59

パワーストーンが願望実現のツールである理由……61

パワーストーンとのつきあい方………………………62

パワーストーンの浄化方法……………………………63

第3章

数秘術とパワーストーンの組み合わせについて

願望実現の最強のパートナーである理由……………70

数に対応するパワーストーン…………………………75

［数秘術1に対応］

　ガーネット……………78　　　インカローズ……………79

　レッドジャスパー………81　　　レッドスピネル…………82

［数秘術2に対応］

　ムーンストーン…………84　　　ホワイトカルセドニー…86

　ミルキークォーツ………87　　　セレナイト………………88

contents

〔数秘術 3 に対応〕
シトリン ·············· 90   アラゴナイト ·············· 92
レモンクォーツ ·············· 93   イエローカルサイト ······ 95

〔数秘術 4 に対応〕
ヒスイ ·············· 97   アベンチュリン ·············· 99
マラカイト ·············· 100   ペリドット ·············· 101

〔数秘術 5 に対応〕
ターコイズ ·············· 103   ブルーレースアゲート ·· 104
ラリマー ·············· 106   アマゾナイト ·············· 107

〔数秘術 6 に対応〕
ローズクォーツ ·············· 109   モルガナイト ·············· 111
ロードナイト ·············· 112   クンツァイト ·············· 113

〔数秘術 7 に対応〕
ラピスラズリ ·············· 115   アイオライト ·············· 116
タンザナイト ·············· 118   ディープブルーフローライト 119

〔数秘術 8 に対応〕
カーネリアン ·············· 121   サンストーン·············· 123
スモーキークォーツ ······ 124   タイガーアイ ·············· 125

〔数秘術 9 に対応〕
スギライト ·············· 127   チャロアイト ·············· 128
パープルフローライト ··· 130   ラベンダーヒスイ ······· 131

〔数秘術 11 に対応〕
ラブラドライト ·············· 133   ヘマタイト ·············· 134
ペリステライト ·············· 136   ギベオン ·············· 137

〔数秘術 22 に対応〕
ルチルクォーツ ·············· 139   アンバー ·············· 141
パイライト ·············· 142   デザートローズ·············· 144

〔数秘術 33 に対応〕

レインボークォーツ …… 146　　オパール ……………… 147

ファイヤーアゲート …… 149　　アンモライト ………… 150

〔透明な石と黒い石〕

クォーツ ……………… 153　　オニキス ……………… 154

パワーストーンをつける場所について ……………………… 156

ペンダント・ネックレス ………………………………… 157

リング（5 本の指について） …………………………… 158

ピアス・イヤリング ……………………………………… 160

ブレスレット ……………………………………………… 161

ブローチ …………………………………………………… 162

つける場所のベストな組み合わせについて ………… 163

第**4**章

10 大パワーストーンについて～数との対応～

10 大パワーストーン ……………………………………… 166

ダイヤモンド ………… 168　　ルビー ………………… 174

サファイア …………… 180　　エメラルド …………… 186

パール ………………… 192　　コーラル ……………… 198

トパーズ ……………… 204　　トルマリン …………… 210

アクアマリン ………… 216　　アメシスト …………… 222

好きな石、気になる石、苦手な石について ………… 228

第 **5** 章

実践例
～よりパワーストーンを上手に使うために～

〔**実例1**〕
「なんとなくうまくいっていない」と感じることが
きっかけで、鑑定にいらした方 ·············· 232

〔**実例2**〕
人間関係で悩んでいることがきっかけで、
鑑定にいらした方 ·············· 233

〔**実例3**〕
「彼氏が欲しい！」という願いを叶えたくて、
鑑定にいらした方 ·············· 235

目的別パワーストーンアクセサリーコーデ ·········· 237

パワーストーンをプレゼントされた or 贈る場合 ····· 240

数とパワーストーンを味方にする ·········· 242

お役目が終わったパワーストーンについて ··········· 243

おわりに ·············· 247

参考文献 ·············· 250
著者紹介 ·············· 251

contents

第1章

数秘術についての基礎知識

数秘術（モダン・ヌメロロジー）ってなに？

数秘術は英語で numerology（ヌメロロジー）といい、numero（数）と logy（学）が組み合わさった言葉になります。「数にはそれぞれのエネルギーが存在する」というのが、数秘術の基本の概念です。

数秘術では、わたしたち人間を含めた宇宙のすべてのものが、数の影響を受けていると考えています。とはいえ、複雑な計算などは必要なく、ある一定の簡単な法則に基づきながら、自分が生まれた日と、与えられた名前から、自分に縁のある数を割り出していきます。

そこで出た数を読み解くことによって、「性質」や「役割」、「運勢の流れ」はもちろん、自分の「強み」や「周りからの印象」などがわかる占術です。「自分とは何者か」ということを、数によって解き明かすことにより、「人生を豊かにしていく」占術だともいえるでしょう。

数秘術の原点は、今からおよそ 2600 年前の古代ギリシャの哲学者であり、数学者でもあったピュタゴラスまでさかのぼるといわれています。「宇宙のすべては数の法則に従う」という思想があり、文字と数が対応しているという考え方や、数に特別な意味があるという発想は、この当時から始まっています。のちに、ユダヤ教のカバラと呼ばれる聖書解読のテクニックとしても用いられて

きました。

　とはいえ、現在の数秘術で用いられている数の意味や、計算方法などとの共通点は少なく、いわゆる「占術」として、日本で広く知られている現代の数秘術は「モダン・ヌメロロジー」といわれており、このベースは、ミセス・L・ダウ・バリエッタという女性が考案したものになります。

　バリエッタはアメリカ人で、1847年生まれです。アメリカでは、19世紀後半から20世紀初頭にかけて「メタフィジカル・ムーブメント」が起こっていました。このムーブメントのひとつに「ニューソート」という思想があります。ニューソートは、いわゆる「スピリチュアル」と呼ばれるものの源流のひとつです。これがバリエッタの数秘術誕生の背景に関係していると考えられます。

　その「ニューソート」をもう少し掘り下げてみましょう。なぜなら、この思想こそ、数秘術が「願望実現の最強ツール」となり得る発想の大元といっても過言ではないからです。

　ニューソートには、「心のあり方」を変えることが、「望む現実を創っていく」という発想があります。自分の運命は決して生まれながらに決まっているものではなく、「自分の手でよりよいものに変えていけるんだ」という発想です。それまでは、自分の運命は生まれたときに決まっているという決定論が主流でした。でもそこに新しい思考を取り入れることを提唱したのです。まさしく現代でいえる「引き寄せ」の発想の誕生だといえるでしょう。

　当時の世界観には、この宇宙が「目に見えない霊的な領域」と「目

に見える物質的な領域」の2つに大きく分けられているという前提も
あります。バリエッタは、その「目に見えない霊的な領域」につなが
る媒体として「数」を用いました。「生まれたときに与えられた自分の
数」を知り、その数を通して霊的な領域につながることによって「人
生が豊かになっていく」と考えたのです。それが、「心の健康」につな
がるとも思っていました。

　占いにはたくさんの種類の占術があります。どの占いにも素晴らし
い価値がありますし、決定論的な要素も占いの魅力のひとつになって
いるといえるかもしれません。ただ、こうした背景のもとに創られた
バリエッタの提唱する数秘術には、その占い特有の決定論的な発想が
最初からありません。ここがほかの占いとの決定的な違いだといえま
す。そしてその発想こそ、数秘術が「願望実現の最強ツール」となり
得る大きな要因だといえるでしょう。

数秘術では1〜9の自然数を「数の基本」とする考え方があり、2桁以上の数を1〜9の数字へ「還元する」というルールがあります。この、1〜9までの数字を「ルート・ナンバー」と呼びます。

　ただし、数秘術には「マスター・ナンバー」と呼ばれる数があり、11、22、33の数に関しては、そのまま用いるというルールになっています。

　占術家によって扱う「マスター・ナンバー」の数は異なりますが、多くの数秘術師が11、22、33というゾロ目の3種の数を採用しており、本書でも、1〜9の「ルート・ナンバー」に加え、11、22、33の「マスター・ナンバー」を取り入れています。

　「マスター・ナンバー」には、目に見えないスピリチュアルな学びがあるとされています。

コア・ナンバーズについて

　数秘術には「コア・ナンバーズ」と呼ばれる数が、複数存在します。占術家によって扱うナンバーは異なりますが、メインとなる数は「ライフ・パス・ナンバー」と呼ばれます。

　そのほかにも「ディスティニー・ナンバー」「ソウル・ナンバー」「パーソナリティー・ナンバー」「バースデー・ナンバー」と呼ばれるナンバーがあり、「ライフ・パス・ナンバー」と合わせて、この5つが代表的な「コア・ナンバーズ」といえるでしょう。それぞれのナンバーは、次のような意味を持っています。

The 5 Core Numbers

Life Path Number
ライフ・パス・ナンバー

数秘術で扱うメインの数。人生で通る道筋を表し、その人の性質や、どんな才能を持っているかを表す重要な数。

Destiny Number
ディスティニー・ナンバー

持って生まれた使命、この世で果たすべき役割、または人生の目的などを表す数。

Soul Number
ソウル・ナンバー

本音、魂が求める本能的な欲求、潜在意識などを表す数。

Personality Number
パーソナリティー・ナンバー

自分の印象、周りからどう見られているかを表す数。

Birthday Number
バースデー・ナンバー

自分の強みや武器を表す数。ライフ・パス・ナンバーを補佐する数ともいわれる。

ライフ・パス・ナンバーについて

　「ライフ・パス・ナンバー」は、すでに触れたように、「コア・ナンバーズ」の中でもメインとなる重要な数です。持って生まれた性質や思考、個人の行動パターンや価値観などが大きく反映されるといわれており、人生で通る道筋を表す数といえます。いわば、「生き方」を教えてくれる数ともいえますから、自分を深く理解するためには、この数をしっかり知る必要があるでしょう。

　「ライフ・パス・ナンバー」を掘り下げていくと、自分の才能をどうしたら伸ばしていけるのか、また、どんなパートナーが合うのかなど、自身の恋愛観を知る手がかりをつかむこともできます。自分を理解する大事な一歩となりますので、本書でもこの「ライフ・パス・ナンバー」を扱っていきます。

ライフ・パス・ナンバーの求め方

● 「生年月日」をもとに算出します。生年月日を構成している数字をすべて1桁に分解して、それらをすべて加算します。加算した合計が2桁になる場合は、さらに1桁に分解して加算していきます。

● ただし、11、22、33の数（マスター・ナンバー）になった場合は、1桁に還元せずにそのまま「ライフ・パス・ナンバー」とします。

Life Path Number

例）1999 年 12 月 28 日生まれの人の場合

①構成しているすべての数字を1桁に分解します。

　　1 9 9 9 1 2 2 8

②すべて加算します。

　　1 + 9 + 9 + 9 + 1 + 2 + 2 + 8 = 41

③加算した合計を1桁の数か、11、22、33 になるまで分解して加算します。

　　41 → 4 + 1 = 5

　　→ ライフ・パス・ナンバー 5

例）合計が 47 になった場合

① 47 を1桁の数字に分解します。

　　47 → 4、7

② それらを加算します。

　　4 + 7 = 11

　　→ ライフ・パス・ナンバー 11 となり、そのまま使用します。

＜実際に生まれた日と、戸籍上の誕生日が違う場合の考え方＞
実際に生まれた日をベースに計算するのが、基本的な考え方です。けれども、戸籍上の誕生日を日常で使っており、自分や家族、周囲の人たちも、すべて戸籍上の誕生日で認識している場合は、戸籍上の誕生日で算出してもかまいません。気になる方は、両方の数を出して見比べ、自分がしっくりくるほうの数を選んでもよいでしょう。

Life Path Number

1

ライフ・パス・ナンバーの説明

1

を表すキーワード

自立心・積極性・行動力・外交的・
開拓精神・リーダーシップ・男性性・
自己中心的・攻撃性

未開の地を切り開いていく

心に情熱という炎を燃やし

スタートを表す「1」をライフ・パス・ナンバーに持っている人は、積極的で行動力があります。「思い立ったが吉日」を、地で行くところが。また、外向きのパワーが強く、向上心があり、常にトップを目指す強い気持ちがあるでしょう。負けず嫌いで人と同じことを好まず、我が道を行く人です。まだ誰も通ったことのない道を、自ら創っていきたいという開拓精神も。自立心が高いので、なんでも自分でやりたいタイプ。リーダーシップもありますから、周りを引っ張っていく力があります。ただし、後ろを振り返ったときに誰もいないということが……。上手にフォローできるようになると、もっと魅力的に。

　「1」の人は、よくも悪くも我が強く、自分中心になりがちです。周りを気にかけることができず、一方的に話し続けてしまったり、思い通りにいかないと攻撃的になってしまったり……。感情が顔に出やすいため、言い方がキツくなって、相手を傷つけてしまうこともあるでしょう。

才能
Talent

　ひらめき力のある「1」の才能は、まだ世の中に出ていないものを生み出すことです。ピンときたことを実行していく力があり、その熱量で相手をその気にさせることもできます。根拠のない自信も、大きな武器といえるでしょう。

恋愛
Love

　ひとめぼれの恋が多いタイプといえるかも。たとえそうじゃなくても、最初にピンとこない相手と恋が始まることはまれ。「好きだ」と思えば、その想いを隠すことはできません。駆け引きなどはせず、気持ちをストレートにぶつけていくでしょう。たとえ玉砕しても、立ち直りは早いといえそうです。もちろん大いに傷つきますが、納得すれば後悔することはないはず。つきあいが始まれば、リードするのは間違いなく「1」でしょう。映画のようなドラマティックな恋を展開する可能性も。ただ、言いたいことがあればすぐに伝えるため、ケンカに発展してしまうことも。とはいえ、それさえ恋のスパイスになりそう。なぜなら、刺激的な関係ほど、心が燃え上がるタイプだからです。

結婚
Marriage

　じっくり計画的に……というよりは、勢いでする傾向が。まさに結婚はタイミングといえるでしょう。逆に結婚に対する熱量がなくなると、いつまでもしないかも。相手から催促されるのもダメ。自分が「したい」と思わないと、決断しないタイプといえそうです。結婚すれば、主導権を握るはず。やりたいと思うことがあれば、相手に相談することなく進めてしまうことも。とはいえ悪気はありません。そのため、できれば「1」に合わせてくれる人が理想でしょう。

Life Path Number

ライフ・パス・ナンバーの説明

2

を表すキーワード

協調性・受容性・歩み寄り・繊細・
感受性・汲み取る力・女性性・
保守的・干渉的

必要なときに手を差し伸べる　調和と平和を愛する人

　調和を表す「2」をライフ・パス・ナンバーに持っている人は、協調性があり、相手の心に寄り添うこと、歩み寄ることができるタイプ。相手を押しのけてでも前に出ようとすることがなく、相手の気持ちを汲み取り、よいバランスを取ろうとするでしょう。サポート力も抜群で、バラバラになりかけている場をうまくまとめたり、自ら調整役を買って出たり、潤滑油となったりすることも多いはず。平和でいたいというのが本心で、争い事を好みません。また、「受け入れる」力が強いため、相手の喜怒哀楽を自分のことのように感じる感受性の高さがあります。「2」に癒されると感じる人も多いでしょう。

　ただし、相手の気持ちを優先しすぎて、自分の気持ちを犠牲にしてしまうこともしばしば。優柔不断にうつることもありますから、ときには「NO!」をハッキリ示すことも大事。また、せっかくのやさしさが、相手を付け上がらせてしまうこともありますし、「本音がわからない」とイライラさせる可能性もあるでしょう。

才能
Talent

　人の話に耳を傾けることができる「2」の才能は、人がなにを求めているかわかることです。相手の心に届く「言葉」を使える人もいれば、それを「芸術」に昇華させる人もいるはず。「2」にしかわからない繊細さは、大きな武器になるでしょう。

恋愛
Love

　一緒にいる時間が長く、その時間に心地よさを覚えたとき、「恋に落ちている」ことを実感するタイプ。とはいえ、積極的にアピールすることはなかなかできません。また相手が自分に興味がないと感じれば、想いをそっと胸にしまっておく傾向が。一方で、それほど好きではなくても、誠実なアプローチをされることによって、心が動かされるということもありそうです。つきあい始めると、尽くすタイプといえるはず。ずっと一緒にいたいという思いも強くなり、頭は相手のことでいっぱいに。とはいえ、自分の気持ちよりも、相手に合わせてしまいがち。我慢しすぎず、自分が思っていることを少しずつでも伝えていくことが、関係を良好に保つ秘訣といえるでしょう。

結婚
Marriage

　つきあうと、自然に結婚を意識する傾向が。もともと結婚願望は高めで、そこが全く意識できない相手とは、最初からつきあわないかも。そのため、独占欲が強くなったり、必要以上に相手を干渉してしまったりすることもあるでしょう。課題は、感情のコントロールといえるかもしれません。一方で、愛がないとどうにもならないと思いながらも、結婚には安定も求めます。「2」が大事なのは、ささやかでもよいので、穏やかな日々を送ることといえそうです。

Life Path Number

3

ライフ・パス・ナンバーの説明

3

を表すキーワード

喜び・楽観性・知性・ユーモア・
社交性・創造性・表現力・
気まぐれ・責任転嫁

人生は楽しんだもの勝ち
自分も周りも笑顔でハッピーに

　創造性を表す「3」をライフ・パス・ナンバーに持っている人は、新しいものを創り出すパワーがあるタイプ。その根本には、まるで子供のような好奇心と大いなる知性があり、なんでもおもしろがって取り組む姿勢があります。人とはちょっと違う視点で物事を見ることができるため、発想もユニークで、人気を集めるでしょう。また、ユーモアのセンスに長けているところも魅力。どんなことも「楽しまないと意味がない」と思っており、自分が楽しむことも、人を楽しませることも好きなタイプです。社交性もあるため、「3」の周りにはいつも人が集まり、笑顔があふれています。

　ただ、根気のいる地道な作業が苦手で、飽きっぽい面が玉にきず。楽しくないと感じると、途中で投げ出してしまったり、あきらめてしまったり。また、「3」にとっては冗談のつもりでも、相手を軽んじてしまうことが。気づかぬうちに、周りからの信頼が揺らいでしまうこともあるでしょう。

才能
Talent

　情報をキャッチする能力、そしてそれを伝える力が備わっている「3」は、この時代においてマルチな才能を発揮しやすいはず。デュアルライフも性に合っているため、どこにいても自分らしさを発信していけるのは、大きな武器となるでしょう。

恋愛
Love

　一緒にいて楽しいと思えば、恋が始まるタイプ。話が盛り上がり、その場の勢いでごはんを食べに行くことになって……など、ノリのよさや、流れのよさも、関係がステップアップする要因となるでしょう。そのため、相手に全くその気がないとわかると、わりと早めに身を引きます。それは、傷つきたくないという思いの表れかもしれません。意外とデリケートな面を持ち合わせているところが。「3」にとって大事なのは、楽しさを共有でき、フィーリングが合うこと。また、お互いに自由でいることも大切です。相手が常にべったりとしてきたり、必要以上に束縛してきたり、要求が多かったりすると、100年の恋も冷めてしまうでしょう。

結婚
Marriage

　楽しい未来を想像できたり、この人の子供が欲しいなと思ったり、笑いのツボが一緒だったり……など、ふとした瞬間に結婚を意識するかも。結婚は「タイミング」だと思うタイプともいえそうです。対等な関係を築くのも理想。もしかしたら、風通しのよい関係を好むタイプなので、相手によっては別居婚や、週末婚など、自由なスタイルを選択する可能性もあるでしょう。「3」にとって、マンネリ化は大敵。目移りしやすいところもあるので、常に新鮮さが必要です。

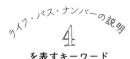

Life Path Number

4

ライフ・パス・ナンバーの説明

4

を表すキーワード

安定・現実的・管理力・具体性・
建設的・持久力・まじめ・
抑圧的・融通の利かなさ

堅実でまじめな努力家
地に足をつけて前に進む人

　安定を表す「4」をライフ・パス・ナンバーに持っている人は、現実的でコツコツと努力を続けられるタイプ。例えるなら、エレベーターがあっても、階段で上の階を目指すようなところがあります。確かにエレベーターを使えば早く上階にのぼれますが、自分の足で一歩一歩進んだ感覚がなく、不安定さを感じてしまうのでしょう。「4」にとっては、早く壮大な景色を見るよりも、振り返ったときに歩いてきた道のりを確認できるような、そういう自分の築いた軌跡が自信につながるはず。もちろん全く手を抜かないというわけではありませんが、基本的にまじめで誠実です。そうした姿勢が、周りからの信頼にもつながります。

　ただし、そのまじめさが裏目に出ると、堅すぎるという印象を持たれたり、融通が利かないというウィークポイントにつながったり……。臨機応変に対応したり、柔軟性を身につけたりすることが課題といえるでしょう。慎重すぎて抑圧的になると、大事な場面で殻を破れず、その他大勢のひとりになってしまうことも。

才能
Talent

　計画的に物事を進め、最後まで黙々と続ける力がある「4」は、たぐいまれなる忍耐力の持ち主。どんなに大変でも、「これが自分の役割」だと思えば、責任を持ってやり遂げるでしょう。すぐに結果が出なくても、ブレずに努力できるのは大きな武器となるはずです。

恋愛
Love

　相手に振り回されたり、心をかき乱されたりするような恋愛は、基本的に好みません。恋にも安定や安らぎを求めるでしょう。「この人で間違いない」と思えば、尽くす人でもあります。相手に過度な愛情表現やロマンティックな雰囲気は求めませんが、愛されている実感は欲しいタイプです。また「4」は、安易に流されてつきあうようなこともなく、心が許せるようになるまで、ちゃんと距離を取ってつきあいます。隙がなくて、恋のチャンスをつかめないこともありますが、そんなときは「この人とは縁がなかったんだ」と自分を納得させてしまうタイプかも。よほどのことがない限り、条件に見合った相手を選ぶため、恋は長続きする傾向が強いでしょう。

結婚
Marriage

　つきあいが長くなれば、自然に結婚を意識するタイプ。とはいえ、恋愛と結婚は別だと思っているところもあるため、相手に生活力や将来性がないと判断すれば、結婚しない選択をしたり、フェイドアウトしたりする可能性も。自分が思う「適齢期」が来れば、結婚を現実に考え始めるため、お見合いなども視野に入れるはず。愛やときめきよりも、条件が整っている相手を選ぶほうが、「結局は幸せになれるのでは？」と考える、現実的な面も持ち合わせているでしょう。

Life Path Number

5

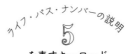

ライフ・パス・ナンバーの説明

5

を表すキーワード

自由・好奇心・多才・活発・変化・
冒険心・発展的・
飽きっぽい・欲求不満

冒険こそ人生の価値
自由こそが生きる意味

　変化を表す「5」をライフ・パス・ナンバーに持っている人は、冒険心にあふれ、自由に人生を渡り歩くタイプ。視点は未来にあり、描いている理想や壮大な夢に向かい、前進する人だといえるでしょう。好奇心旺盛で、たくさんのことを経験したいとも思っています。興味のあることを、黙ってスルーすることは、まずないはず。また、たとえ失敗しても、「やらないよりやったほうがよい」と思うタイプであり、「リスクを取らないことがリスク」だと思っているところも。そもそも「失敗は成功のもと」という思いもあり、切り替えや立ち直りも早いタイプでしょう。

　ただ、じっとしていることが苦手で、常に動き回っているため、落ち着きのない人と思われがちに。「5」は自分の心のままに生きているだけなのですが、興味の対象も変わりやすく、飽きっぽい面も目立ちます。満ち足りることが少なく、現状に不満を抱えやすいところは課題といえるかもしれません。

才能
Talent

　自由な提案や独創的な発想ができる「5」は、常識や現状にとらわれることがありません。どんな場所にいても、オリジナリティさえ発揮できれば、輝きを失うことはないでしょう。未知の分野へ、気負いすることなく挑戦できるのも、大きな武器となるはずです。

恋愛
Love

　「5」にとって恋愛は、人生において大事な経験そのものですから、いつでもときめいていられることが理想かも。実際に恋をすると、生き生きと輝くタイプでしょう。デートも盛り上がるプランを考え、相手を喜ばせようと思うだけで、楽しめるところが。ただ、自由すぎて、そんな気はなくても、相手を振り回している可能性があります。自由に恋をするのも「5」の特徴で、ときには同時進行も……。とはいえ、修羅場に発展しそうだと感じたり、相手が思いのほか束縛するタイプだったりすると、すぐにフェイドアウトする切り替えの早さもあります。一度「ダメだ」と思ったら、気持ちに嘘はつけません。相手にしつこくされたら、さらに気持ちが冷めてしまうでしょう。

結婚
Marriage

　「好きだ」と思ったら勢いで結婚する可能性も大ですが、結婚そのものにはこだわらないタイプ。というより、結婚というシステムを、好ましくないと思っているかもしれません。法律に縛られるより、パートナーとして自由に人生を歩むほうが、「5」には合っているのかも。そもそも法律であっても、愛する相手であっても、自由を奪われるのは耐えられません。とはいえ、お互いを尊重し、共に成長していけるような相手であれば、結婚を選択するのも悪くないと思うはず。

Life Path Number

6

ライフ・パス・ナンバーの説明

6

を表すキーワード

母性的な愛情・親切心・育成力・バランス力・配慮・責任感・正義感・心配性・おせっかい

細かい配慮と深い愛情で全体のバランスを考慮する

バランスを表す「6」をライフ・パス・ナンバーに持っている人は、自分さえよければそれでいいという考えはなく、全体のバランスを大事にする人です。また、「誰かの役に立っている」と思うと、心が満たされ、ちょっと無理をしてもがんばってしまう傾向があります。どちらかというときっちりしていることが好きで、完璧主義な一面も。大切だと感じている人には、まるで母親のような愛情を注ぎます。責任感も、正義感も強い人で、最後まで面倒を見るタイプ。細かい気遣いはまさに「6」ならではです。心からの親切心が、相手の心を動かすこともあるでしょう。

ただ、一心に愛情を注ぎすぎて、つい干渉しすぎている可能性も。相手はそこまで関わって欲しくないと思っていることも。その気持ちに気づかず、「こんなにやってあげているのに」という思いが強くなると、摩擦が起きる原因に……。必要以上に心配せず、手を貸さずに見守ることを覚えると、人生がもっと豊かになるでしょう。

才能
Talent

　相手の幸せを基準にして行動できる「6」は、関わる人を成長させる力があります。自分が人の役に立つだけではなく、人の役に立つような人を育てるのも得意。多くの人にとって有益な目標を持ったとき、きっちりと成果を出せるところは、大きな武器となるはずです。

恋愛
Love

　好きな人ができると、周りに気づかれてしまうタイプといえそう。というのも、積極的にアプローチはできないけれど、「なんでもやってあげたい」という気持ちが強くなり、つい献身的に尽くしてしまうから。言葉での愛情表現はなくても、「好き」という気持ちがそのまま行動に表れてしまうでしょう。実際につきあいが始まっても、「6」のさりげないサポートは、相手の心を動かすはず。ただ、それが当たり前に受け取られ、感謝をされなくなると、傷つくところもあります。せっかくの思いやりが、相手の負担になってはむなしいだけ。実は愛されることで、強くなれるのが「6」でもあります。尽くしすぎるのは止め、対等な関係を築くことが理想です。

結婚
Marriage

　結婚願望はどちらかというと高めで、実際に結婚することで心が落ち着きやすいタイプでしょう。「温かい家庭を築く」ことが、まさに理想とするところ。その理想の形に近づくために、がんばりすぎてしまう面もあります。気がつけば、家族のために世話を焼くことが生きがいになっている可能性も。とはいえ、行きすぎると過干渉になり、温かい家庭を築くつもりが、口うるさくなってギスギスすることになりかねません。上手に距離を取るなど、工夫することが大切です。

Life Path Number

7

を表すキーワード

探究心・洞察力・分析力・集中力・
研究心・専門性・スピリチュアリティ
（精神性）・孤独感・猜疑心

孤高のプロフェッショナル

物事の本質を追究する

　知的な探究心を表す「7」をライフ・パス・ナンバーに持っている人は、物事の本質や真理を見極めようとするタイプ。中途半端な答えでは満足できず、納得できるまで分析したり、研究したりして、自分の求める「正解」を追求するでしょう。ストイックな人が多いのも特徴で、その道のプロフェッショナルとなる可能性も秘めています。「7」は、見えない神秘的な世界や、つかめない人の心の奥にも興味があるタイプ。とはいえ、人の輪の中にいても、人とべったり絡むのは好みません。人を観察するのが好きといえるかも。それなのにさみしがり屋な一面もあり、自分の本質はなかなか表に出さないでしょう。

　ただ、猜疑心が強く、まずは「疑ってみる」ところがあります。噂など鵜呑みにしない点や、多くの情報に易々と流されない面は強みとなりますが、なんでも疑っていると自分で自分の視野を狭めてしまう可能性も。面倒くさい人と思われると、近寄りがたい人にもなってしまい、気がつけば孤独に……という結果になりかねません。

才能
Talent

　高い集中力と忍耐力がある「7」は、たとえ難しいことでも、自分が「やる」と決めたことを実行する力があります。周りが音を上げるような作業でも、自分の性に合っていれば楽しいとさえ感じるでしょう。執念ともいえるその「こだわり」は、大きな武器となるはずです。

恋愛
Love

　警戒心が強く、なかなか恋に落ちないタイプかと思いきや、直感的に「この人だ」と思えば、一気に恋に落ちる可能性も。とはいえ、そんな心の内を表に出すことはなく、クールに装ってしまうでしょう。たとえ恋に落ちたとしても、「本当にこの人で大丈夫か」と自問自答し、相手のことを調べたり、分析したり、好きになって問題ないのか、冷静に見極めようとします。とはいえ相手の心より、「7」がわからないのは、データで読めない自分の本音なのかもしれません。心を乱されるくらいなら、恋なんてしないほうがよい、と思うことも。相手とは、ある程度の距離を保ちながら、自分の感情をコントロールできるくらいが理想といえるでしょう。

結婚
Marriage

　こだわりの強い「7」は、自分を受け入れてくれる相手じゃないと、なかなか踏み出さない可能性が。結婚には、憧れよりも、怖さのほうがあるといえるかも。それは近づきすぎることで起きる摩擦や、窮屈さを考えてしまうから。とはいえ逆をいえば、価値観や生活のスタイルが近い相手となら、うまくいくといえます。また、ひとりで過ごす時間を尊重してくれる相手ならベストです。自然な流れで「この人と一緒にいたい」と思えたら、決断は早いでしょう。

Life Path Number

8

8

を表すキーワード

パワー・タフ・野心的・決断力・
実行力・主導力・実現力・
高圧的・支配力

強い決断力と主導力で大いなる成功を引き寄せる

　実現力を表す「8」をライフ・パス・ナンバーに持っている人は、タフでエネルギッシュ。物事を決断していく力もあり、決めたことをしっかり実行していくパワーがあるでしょう。曖昧さや無駄を嫌うため、適当に物事を始めたり、だらだらと進めていったりするようなことは、まずないはず。主導力もあるため、自ら先頭に立ち、あるいは支持するような立場で、またときには見守りながら、うまく取り仕切り、采配のセンスを発揮します。常に高みを目指している「8」は、どこで充電をしているのかわからないほど。一度決めたら最後まであきらめることのないその姿勢も、成功を引き寄せる要因でしょう。

　「8」の持つ大きなパワーが、ときに周りを圧倒する可能性も。自分で決めることが苦手な人には頼られることもありますが、言い方がキツくなって、怖がられることも多々。萎縮している相手に主導力を発揮すれば、いつの間にか支配力に変わっていることも。緊張感が漂い始めたら、大きく深呼吸して、場を緩める努力をしましょう。

才能
Talent

　無限の可能性を秘めている「8」は、たとえ「できない」と怖じ気づくようなことでも、「できる」と信じて邁進していく力があります。自分にも人も厳しいですが、妥協を許さず突き進むパワーは、勝因をつかむ大きな武器となるはずです。

恋愛
Love

　「この人だ」と思えば、積極的にアプローチを開始します。奥手な「8」もいますが、基本的に「好き」という気持ちを隠すことはできないタイプ。うまくいかなかった場合はもちろん落ち込みますが、どうしても好きなら、何度でもアタックする、そんな強さもあるでしょう。もし相手に特定のパートナーがいても、脈がありそうだと感じたら、奪いにいくほどのパワーも。つきあいが始まれば、主導権は「8」が握るでしょう。「こうすれば相手が喜ぶはず」と、強引なところもあります。本当に相手が望んでいるかどうか、相手の話をちゃんと聞く姿勢や、歩み寄りの心を学ぶことが、課題といえるかも。もちろん情熱的に尽くすこともしますが、相手には支えて欲しいと願うでしょう。

結婚
Marriage

　帰る場所があるという安心感は、「8」を強くします。家庭が安定していることで、より仕事に力を注ぐことができるタイプ。相手が「8」に合わせ、サポートしてくれる人となら、間違いなくうまくいくはずです。とはいえ、やりたいことがあればあるほど、相手への配慮を怠ったり、家庭を顧みない身勝手さが出てきたり……。パートナーが不満を口にしても、強い口調で制してしまうこともあるでしょう。温かい家庭を築きたいなら、思いやりの気持ちを忘れないことが大切です。

Life Path Number

9

ライフ・パス・ナンバーの説明

9 を表すキーワード

共感力・理解力・柔軟性・思いやり・
癒し・寛大さ・奉仕力・
ルーズ・逃避

高い共感力と理解力で やさしく相手の心を包み込む

共感力を表す「9」をライフ・パス・ナンバーに持っている人は、理解力が高く、相手を受け入れる懐の広さを持っています。たとえ相手が驚くような発言をしたり、突拍子もない意見を言ってきたりしても、いきなり否定することはありません。「そういう考え方もあるんだ」と柔軟に受け止め、歩み寄っていこうとするでしょう。相手の短所を欠点だと思わず、よいところを探そうとするのも「9」の強み。自分も完璧ではないことをわかっているからこそ、相手への許容度が高いのです。そのやわらかい雰囲気が、相手に癒しを与えます。「9」といると、ホッとすると感じる人は多いはず。

ただし、寄りかかられすぎるのは心の負担に。「これ以上は無理」と思ったら、笑顔で対応しながら、サッとその場からいなくなるでしょう。強く「NO!」を言えないタイプですが、逃げ足は速いかも。また、きっちりすることが苦手で、意外とルーズな面があります。決断を迫られると、優柔不断さが顔を出し、周りを困惑させる可能性も。

才能
Talent

　感受性の高い「9」は、人の気持ちを汲み取ったり、癒したりすることが得意。カウンセラーなど心の声を聴くことも向いていますが、心に響く作品を生み出すこともできるでしょう。いずれにしても、人の心の包み込むような独特なセンスは、大きな武器となるはずです。

恋愛
Love

　社交性があり、いろいろなタイプの人と自然に関わることができる「9」。周りには、異性の友達も多いでしょう。相談に乗ることも多く、それがきっかけで距離が縮まることもあります。「9」が受け入れてくれるため、相手が勘違いをして好きになってしまうケースも。苦手なタイプ以外は、強くアプローチされると断れないところがあるため、本当に好きかわからないまま、交際に発展することも。また、つきあっていると相手に似るのも「9」の特徴です。相手に合わせているうちに、いつの間にか染まってしまうのでしょう。ただし言いなりになるわけではありません。つきあいが長くなると、相手に合わせているようで、自分のペースに巻き込んでいくこともあるはず。

結婚
Marriage

　相手のペースや個性を許容し、パートナーに合わせることができる「9」は、基本的に尽くします。平和主義でもあるため、衝突するようなことは、最初から避けるはず。子供ができれば、個性を尊重し、才能を引き出すため、惜しみないサポートをするでしょう。ただし、「自分」をどこかで確立しておかないと、存在意義を見いだせなくなり、現実逃避をしたくなるかもしれません。家事や育児を突然投げ出さないように、意識的にリフレッシュすることが大切です。

ライフ・パス・ナンバーの説明

11

を表すキーワード

直感力・使命感・共時性（シンクロニシティ）・感じ取る力・伝える力・察する力・見つける力・空想的・神経質

見えない力を感じ取り
直感で人生を切り開く

　直感力を表す「11」をライフ・パス・ナンバーに持っている人は、理由がはっきりとわからなくても、惹かれるほうに進めば、自分にとっての正解が見えてくるタイプ。意味のある偶然の一致も起きやすく、理屈では説明できない天啓をキャッチしやすいでしょう。たとえ喜ばしい話があっても、関わるのが危険だと感じれば、その嗅覚にほぼ間違いはないはず。「なんとなく」と感じたことが、その通りの結果になることも多く、人より感じ取る力や察する力に優れています。理論で心を動かされることは少ないため、大事な情報を、芸術や音楽などから感じ取ることも。イマジネーションも豊かでしょう。

　感受性の高さは、ときに「11」を神経質にさせます。現実よりも感覚に強く惹かれてしまうため、どうしても不安定になりがちです。また、相手の心の機微を察知する力も、想像力も人一倍ありますから、勝手にネガティブな妄想も膨らみます。スルーできないことも多く、神経をすり減らし、心身共に疲労が溜まってしまうかも。

才能
Talent

　使命感を覚える「11」は、自分のやるべきことに自然と導かれるはず。また、自分が「届けるべき」と感じることを、言葉で伝える立場になる可能性も。作家や講師だったり、人によってはアートや音楽だったり。独特なインスピレーションは、大きな武器となるはずです。

恋愛
Love

　恋も直感が大切な「11」は、ピンとくる相手としか恋に落ちません。とはいえ感性が鈍っているときは、相手のアプローチを断り切れずに交際が始まることも。ただ、そんな恋は長く続きません。「この人だ」と運命を感じないと、どうにもならないことが誰よりもわかっているからです。ピンときた相手なら、どんな立場にいようと関係なく、アプローチする傾向が。熱くなって恋にのめり込んでしまうところも。また、ご縁のある相手なら「必ず結ばれる運命にある」と信じているところもあるでしょう。ときに「11」を成長させるため、苦しい恋を経験させられることもあります。でも、心の痛みを知ることで、本当に縁のある相手を引き寄せるのも「11」の特徴です。

結婚
Marriage

　「タイミング」がくれば、結婚できると思っているところが。実際に結婚をするときは「この人が運命の人なんだな……」と、しみじみと納得して結婚するでしょう。そのため、もし「なにかが違う」と感じたまま踏み切れば、必ず後悔します。結婚は何があっても、縁があると感じること、心のつながりが感じられる相手を選ぶことが重要です。結婚後は、ひとりになれる時間も必要。ときには心と身体に溜まった不要なものをデトックスし、リフレッシュしましょう。

Life Path Number

ライフ・パス・ナンバーの説明

22

を表すキーワード

パワフル・前進力・達成力・忍耐力・意志力・カリスマ性・高い理想・執着心・頑固

高みを目指して上へ上へ　地に足をつけ、上り詰める

　強い意志を表す「22」をライフ・パス・ナンバーに持っている人は、高い理想を掲げ、夢や目標を達成するために前進し続けるタイプです。その夢や目標は、決して独りよがりのものではなく、多くの人を幸せにする、志の高いものがほとんどでしょう。「22」は、ひとりでも多くの人が幸せを感じれば、世界が平和に近づくと本気で思えるからこそ、自分が目指す活動に全力を注げるのです。たとえトラブルやネガティブなことが続いても、それをポジティブにとらえ、チャンスに変えていける力があります。また「22」は、現実をしっかり見極めながら、目に見えない世界も大事にするところが強みに。

　忍耐力にも優れ、とてもパワフルな「22」は、尊敬されると共に、近づきがたいオーラもあります。それは、一度こうだと決めたらテコでも動かない頑固さと、執着の強さが要因です。また、人の意見を全くといっていいほど聞き入れなくなってしまうところも。そうなると、実現したいことが遠のき、倍以上の時間がかかってしまうでしょう。

才能
Talent

　視野が広い「22」は、遠くにいる人たちにも目を向けて、やるべきことや社会貢献に取り組める人。ハードルの高い目標ほど、力を発揮できるタイプです。経済を活性化させる力があり、ワールドワイドに活躍できるパワフルさは、大きな武器となるはずです。

恋愛
Love

　ロマンティックで大胆なところもあれば、まじめでリアリストな一面も持っている「22」。愛の素晴らしさを感じつつも、愛の煩わしさに戸惑うこともあるでしょう。好きになれば一途で、相手が振り向くまで果敢にアプローチする可能性もあります。叶わない恋だと思えば、がぜん燃えるタイプといえるかも。つきあいが始まると、相手に尽くしつつも、自分の理想の形に持っていこうとするところが。つい、相手への要求も多くなりがちに。相手が合わせてくれる人なら問題なくうまくいきますが、思い通りにならないと、相手を振り回してしまうかもしれません。思いやりの心を忘れないこと、なるべく歩み寄る姿勢が、望まない摩擦を減らすポイントです。

結婚
Marriage

　家庭ができれば安定感が増しますし、なにより守るものができると強くなれるのが「22」だといえます。家事だって仕事だって、自分にとってこれが使命だと感じていることは、パワフルにこなすでしょう。ただし、がんばるのはよいですが、がんばりすぎないことが大事。また、「こういう家庭にしたい」という思いが強くなりすぎて、家族のルールなどを作ると、子供やパートナーの息が詰まってしまうかもしれません。愛情や理想を押しつけないよう気をつけて。

Life Path Number

33

ライフ・パス・ナンバーの説明

33

を表すキーワード

無条件の愛・ピュア・豊かな感性・
ヒーリング力・許す力・貢献力・
革命を起こす力・天然・風変わり

無償の愛とピュアな感性で世の中に革命を起こしていく

　高いヒーリング力を表す「33」をライフ・パス・ナンバーに持っている人は、大きな愛の持ち主。その無償の愛で、人だけではなく、あらゆるものを包み込んでしまうでしょう。人並み外れたピュアな感性を持ち、スピリチュアルなことにも造詣が深いといえそうです。自分の感性を大切にしているため、周りと歩調が合わなくても、あまり気にしません。基本的に我が道を行くタイプ。というのも「33」は、無理をして自分を押し殺しても、うまくいかないことがわかっているからです。また、自分の役割を見つけると、輝きが増すはず。社会への貢献力も高く、革命を起こすほどのパワーを発揮する可能性が。

　ただ、独特な感性の持ち主であるため、人によっては「変わっている」と思われることも。ときどき突拍子もないことをいって、周りを困惑させることがあるでしょう。天真爛漫な発言は、周りを癒すこともありますが、現実的な人からは「天然」と思われてしまうことも多々。また、意外と人の話をちゃんと聞いていないところがあります。

才能
Talent

　神秘性の高い「33」は、目に見えない存在や力に感謝し、さらにはそれをしっかりと信頼して、自分の力に変えていける強さがあります。「やる」と決めたことは、徹底的に実行していく積極性も、大きな武器となるはずです。

恋愛
Love

　ピンときた相手としか、恋に落ちないタイプ。ただし、困っている人がいれば手を差し伸べてしまうところがあるため、勘違いをされて好意を持たれることは多いかも。もし、いい人そうだから、とか、条件のよい相手だから……といってつきあったとしても、「なにか違う」と感じたら、それ以上進むことは難しいはず。そもそも「33」の恋は、理屈で成り立つことはなく、直感がすべてともいえます。出会った瞬間に「この人とつきあう」ということが感覚的にわかったり、なぜだかわからないけれど懐かしいと感じたり。周りからは「なぜその人なの？」と理解されないこともありますが、自分が「この人だ」と思えば、意に介さないでしょう。

結婚
Marriage

　結婚も、恋愛と同じように、「この人と結婚する」ということが、最初からわかるかも。たとえ試練があったとしても、「運命の相手なら、乗り越えられる」と信じて疑わないところがあるでしょう。基本的にべったりするタイプではなく、精神的なつながりを大切にしますから、お互いの人生を尊重し、支え合うことが理想といえます。ただし、大きな愛で尽くすため、相手のわがままを増長させてしまう可能性も。精神面で、ちゃんと自立している人がおすすめです。

数の特性について

　数には、ルート・ナンバーである1〜9と、マスター・ナンバーである11、22、33の計12の数があります。それぞれのキーワードが示すように、数には意味やメッセージがあり、個性が存在します。もちろんマスター・ナンバーだからといって特別なことはなく、数自体に優劣があるわけではありません。

　数のキーワードには、ポジティブなキーワードとネガティブなキーワードが両方あります。とはいえ、それは自然なこと。なぜなら、ポジティブワードとネガティブワードは表裏一体だからです。よい面が引き出されているときは、その数の前向きなキーワードがピンときますし、行きすぎるとネガティブな部分が露呈してしまう……ということです。

　大事なのは、数のキーワードを通して、自分を知ることだといえるでしょう。キーワードをひとつずつしっかりと掘り下げて、まずは自分を深く知ることが大切。そして、それをどう生かすのがよいかを考え、行動につなげていきましょう。

　最高の自分になるために行動できるようになれば、幸運を引き寄せることが可能となり、人生がどんどん輝きはじめます。

第2章

パワーストーンについて

パワーストーンとは

　パワーストーンとは、天然石の呼び名のひとつであり、日本発祥の言葉となります。天然石は、人為的なものではなく、地球と一緒に形成された、いわば天然のアイテムです。いくつもの偶然が重なり、何十億年とかけて奇跡的に結晶化したものですから、それだけ大自然のエネルギーをぎゅっと凝縮しているといえるでしょう。

　パワーストーンと呼ばれているのは日本だけで、いつからそう呼ばれているのかなど、実は不明でもあるのですが、大自然のパワーが吸収されているということから、いつしかパワーストーンと呼ばれるようになり、それが定着していったのだと思います。ちなみに欧米では、ジェムストーンやクリスタルなどと呼ばれています。

天然石の歴史

　天然石は、地球と一緒に形成されたため、その誕生ははるか昔です。人類が誕生したときには、すでに存在していたといえます。そのため紀元前より、人類と石は深く関わってきました。さまざまな民族のあいだで、信仰や魔除けの儀式に用いられたと思われる石が遺跡から発掘されていますし、イギリスのストーンヘンジなど巨石を組み合わせた遺跡なども、いろいろなところに残っています。謎のベールに包まれてはいるものの、それらも、神聖な儀式との関連があると唱えられています。

　また、ツタンカーメンのマスクに、ラピスラズリが使われているのは有名な話です。古代では、石があの世へ案内してくれるという考えのもと、統治者が亡くなると、一緒に墓に埋葬されました。そのため、墓からはたくさんの石が出土しています。石はほとんどの文明社会で、地位を表す象徴でもありました。身分の高い人たちは、自分の価値を表現するために、宝飾品として石を身につけていたのです。クレオパトラは、マラカイトを砕き、アイシャドウとして使用していました。美しく見せるためはもちろん、一説には、目の病気を防ぐために使用していたなどともいわれています。それは、石には特別な力があると信じられていたことも関係しています。

天然石が魔除けやお守りとされた理由

　古代の人たちは、世界は自然界の精霊で満ちていると信じていました。生物、無機物を問わないすべてのものに、霊魂、もしくは精霊が宿っていると考えていたのです。存在するすべてのものに、生命の存在があるという考え方を「アニミズム」と呼びます。当然、天然石にも精霊が宿っており、特別な力あると考えられていたのです。そのため天然石を身につけると、災難から身を守ってくれる、または幸運を引き寄せてくれると信じて身につけていました。これが、天然石が魔除けやお守りとされた原点だといえるでしょう。

日本と欧米における天然石の認識

　日本で「パワーストーン」というと、令和になった現在でも、やはりスピリチュアルな意味合いが先行しているイメージではないでしょうか。ちょっと怪しいという、オカルト的な印象に近いといえるかもしれません。それは、パワーストーンの効果が医学的、科学的に認められているものではないからだと思います。

　では、欧米ではどうでしょうか。実は、イギリスなどにおいては、未病対策のひとつとして「クリスタルヒーリング」と呼ばれるセラピーが、代替医療として適用されています。天然石が、医療の分野で活用されているという現実があるのです。

パワーストーンの効果 ～自然治癒力～ について

　思い切って告白をすると、なにを隠そうわたしは、パワーストーンに（実は、占いも……）最初はかなり懐疑的でした。いろいろあり2001年に占いを本格的に学び始めることになったのですが、その頃にはすでにパワーストーンがブームだったこともあり、占いの世界にいるだけで、パワーストーンに触れる機会が多々ありました。今でこそ、パワーストーンのバリエーションはたくさんありますが、当時はジュエリーと違い、パワーストーンにはファッション性などがほとんどなかったため、それがより抵抗を強めていた要因だったとも思います。とはいえ、ペンダントやリングなど、いわゆる天然石（宝石と呼ばれるもの）がついたアクセサリーには興味があったため、石そのものには不思議な魅力を感じ取っていたのだと思います。

　占いを始めて2年ほど経ったときに、素敵なデザインのローズクォーツのブレスレットを偶然見つけ、思い切って購入してみました。実は、それを身につけたら、不思議なことに恋愛で嬉しいことが本当に起きたのです。もちろんだからといって懐疑的な思いが払拭されたわけではありません。ですが、こうした実体験がきっかけで、パワーストーンに興味を持ったことは事実であり、そこ

からパワーストーンの世界にどんどん足を踏み入れていくことになりました。

　当時は現在より、パワーストーンというともっとスピリチュアルな意味合いが強く、別の側面から学ぼうとすると、鉱物としての石を学ぶという選択肢くらいしかなかったと思います。こうして鉱物としての石を学び始めたのですが、もちろんそこに「この石は恋愛運を高めてくれます」などという説明はありません。むしろ、そうしたパワーをうたい文句とする「流行としてのパワーストーン」に、警鐘を鳴らす傾向もありました。もともとわたしはパワーストーンに抵抗を感じていたところもあったため、鉱物を鉱物としてフラットに学べる環境をありがたく受け止めていました。ただ、石そのものを学ぶこととは別に、スピリチュアルな側面からもパワーストーンと触れているうちに、それらをつなぐ架け橋となるような、いわゆる「見える世界」と「見えない世界」をつなぐ架け橋となるような、そんな存在としてパワーストーンを広められたら嬉しいと思うようになりました。なぜなら、石に触れている期間が長くなればなるほど、科学的な根拠はわからなくても、石にはなにか不思議な力があることを、すでに実感していたからです。特に「自然治癒力」を高める効果は大きいと感じていました。

　こうしてパワーストーンに触れ、天然石を学びながら過ごしている過程で、海外では天然石がどのように認識されているか、ということを本で知る機会がありました。そのときに、「クリスタルヒーリング」という概念を知ったのです。

　この、クリスタルヒーリングの根底には、この世に存在するすべてのものには周波数があり、それらが共鳴・共振しながら、お互いに影響し合っているという基本の考えがあります。つまり、石も振動しており、わたしたち人間も振動していますから、それらのエネルギーが影響し合っているという考えです。不調は周波数のバランスが崩れたときに起きますから、それをクリスタルによって調整していくという方法になります。これはまさに「自然治癒力」を高める方法です。欧米では科学的な研究も進められていることがわかりました。

残念ながら現代においても、パワーストーンの効力が科学的に証明されているわけではありません。とはいえ、量子力学の観点から、先ほど触れたクリスタルヒーリングの概念（人間と石の周波数が共振しあうことで効果を発揮する）は、説明できるといわれています。時代の変化とともに、天然石の力についても解明が進んでいるといえるでしょう。

　ここでわたしが、シンプルに感銘を受けるのは、そうした知識が全くない時代から、古代の人たちが、「石には特別な力がある」と感じていたことです。石の歴史を紐解けば、それは明らかでしょう。日本では、縄文時代からヒスイで勾玉を作成していたことが、遺跡の出土から判明しています。また弥生時代にはすでに、水晶やヒスイがネックレスとして使用されていました。この2つの石は、神のパワーが宿る石として呪術などにも使用され、日本では特に珍重されていたようです。古代より「石」が、現代では「パワーストーン」という名で、それこそ一度も廃れることなく、わたしたち人間と関わってきているという事実だけでも、実はすごいことではないでしょうか。

　とはいえ何度もお伝えしていますが、現代の日本では、医学的、科学的な根拠を打ち出すことは、なかなか

難しいのが現状です。石の不思議な力を、科学的な根拠ですべて解明できたら、医学においても、また新しい世界が広がるかもしれませんし、きっとたくさんの人が石に魅力を感じるようになるでしょう。

　ですが、科学的な根拠は本当に必要でしょうか？

　20年以上、石に触れてきて思うのですが、科学的な根拠があってもなくても、自分にとってその石が「間違いなくパワーを授けてくれる」と感じるならば、シンプルにそれでよいのではないか……とも思うのです。大事なのは自分が納得できるかどうかではないでしょうか。わたしは「見える世界」も「見えない世界」もどちらも大切であり、そのどちらもバランスよく客観的に受け入れることが、これからの時代に必要で、むしろそれが当たり前になっていくのではないかと思っています。

パワーストーンが願望実現のツールである理由

　先ほど、クリスタルヒーリングについて、石は振動していることについて触れました。もちろんわたしたち人間も振動しています。それぞれには、それぞれの「バイブレーション＝波動」があるということです。石と自分の波動が共振することで、心身ともに正常な状態になれるということが、クリスタルヒーリングの基本の概念にあります。それは、明るい未来を引き寄せるために、間違いなく重要な一歩につながる概念だといえるでしょう。なぜなら、まずは自分が正常な状態になることが、願望実現には必要不可欠だからです。正常な状態、つまり自分のベースが整ってこそ、望む未来を引き寄せるスタートラインに立つことができる、ともいえるでしょう。

パワーストーンとのつきあい方

　パワーストーンと、どのようにつきあっていけば、そのエネルギーをより味方につけることができるのでしょうか。残念ながら、パワーストーンそのものに魔法のような力があって目標や夢を叶えてくれる……ということはありません。自分からはなにもせず、持っているだけでパワーストーンが叶えたい未来や希望を勝手に引き寄せてくれるわけではないのです。とはいえ、石と自分の波動が共振し、心身ともに正常な状態になれば、思考が前向きに変わり、行動していくことが可能となります。

　そのためには、石を普段から目にしたり、触ったり、身につけたりすることが大切です。なぜならその行為によって、石への思い入れが反復され、自分の夢が自然に思い起こされるからです。自然と潜在意識に働きかけがあり、どんどん意識化されることで行動につながり、目標や夢が叶うという結果につながる可能性は大いにあるといえるでしょう。パワーストーンは、持つ人の願いを叶える「きっかけ」をサポートしてくれるアイテムなのです。

　そのため、石に過大な期待や依存は禁物。もし、「せっかく購入したのに効果がなかった」と嘆いた経験がある人なら、自分はなにもしなかったのに石に頼りすぎていた、ということも考えられるでしょう。

パワーストーンの浄化方法

　パワーストーンを購入したら、まずは浄化しましょう。なぜ浄化が必要なのかというと、購入した石が、さまざまな人に触れられてきている過程があるからです。たくさんの人に触れてきたということは、それだけたくさんの人の波動を受けているといえます。どんな波動を受けているかわからないため、浄化をすることが大切なのです。もともと持っている石の状態に戻し、正常な波動を取り戻すことで、その石本来のエネルギーを得やすいといえるでしょう。

　もしかしたら、大好きな人から譲り受けたから、そのままの波動を感じたい、という場合があるかもしれませんが、自分の波動と持つ石の波動を共振させることが大切ですから、やはり浄化することをおすすめします。

　また一度浄化したら完了ということではなく、ときどき石を浄化しましょう。わかりやすい目安として、わたしは新月と満月のときに浄化しています。ちなみに浄化方法のひとつであるこの「月光浴」は、すべての石に有効です。新月と満月のとき以外でも、「なんとなく石がくすんでいるように感じる」とか、「今日は嫌なことがあった」とか、「石を苦手な人に触られた」など、自分のタイミングで浄化したいと思うことがあったときは、ぜひ石を浄化して正常な状態に戻していきましょう。

購入して最初にする、おすすめの浄化方法

step
1
パワーストーンをお皿などに載せ、ご自宅の水道水で大丈夫ですので、冷水で10分くらい流水します。もちろん湧き水や澄んだ川、きれいな天然水などを使って浄化できるのであれば最適ですが、普段使用できる水道水で問題ありません。

step
2
やわらかいタオルで、やさしく石の水気をしっかり拭き取ります。

step
3
お皿が隠れるくらいの量の塩を盛り、その盛り塩の上にパワーストーンを置きます。

step
4
室内の窓辺の、できれば腰の位置より高い場所に、お皿ごと置いて、月光浴をさせます。このとき、実際に月が窓から見えていなくても、たとえ天候が悪かったとしても大丈夫。月の光が当たっているイメージを抱くことが大切です。

step
5
パワーストーンに願いを込め、一晩置きましょう。願いを込めるときは、「～しますように」ではなく、「～します」と言い切る形で、具体的にお願いするのがポイントです。

step
6
翌朝、盛った塩と一緒に再び流水し、やわらかいタオルでやさしく石の水気をしっかり拭き取ります。

このように、最初はしっかりと石を浄化するのがおすすめです。とはいえ、実は石には、水や塩による浄化が不向きな石もあります。「パール」が入っている場合は、上記の浄化方法は避けたほうがよいですが、それ以外の石の場合、最初の１回であれば、水や塩に不向きな石でも、個人的には問題ないように感じております。ですが、気になる場合は、他の浄化方法を選択してください。自分が納得のいく浄化方法を見つけ、石とつきあっていきましょう。

浄化の種類

［ 塩 ］

　神事に関することで、「お清めの塩」が使われていることなどからも、古くから塩には強い浄化作用があることが認識されています。浄化に使用する塩は、ぜひ「天然塩」を選択しましょう。

> **⊘ 塩による浄化が不向きな石**
> アンバー、アラゴナイト、アンモライト、インカローズ、オパール、カルサイト、ギベオン、コーラル、スギライト、セレナイト、ソーダライト、ターコイズ、チャロアイト、デザートローズ、パイライト、パール、ヒスイ、ヘマタイト、フローライト、マラカイト、ラピスラズリ、ラリマーなど

［ 流水 ］

　汚れを洗い流すときに水を使うように、水は浄化に最適です。過ぎたことをとがめないように「水に流す」という言葉も存在するくらいですから、水に浄化作用があることは共通認識といえるでしょう。このとき大切なのは、ただ水につけるのではなく、流水で洗い流すということです。とはいえ、水道水で流すときに、なにも勢いよくする必要はありません。少しの量でかまいませんから、10分くらいは流水して、しっかり浄化していきましょう。

⊘ 流水による浄化が不向きな石

アンバー、アラゴナイト、アンモライト、インカローズ、オパール、カルサイト、ギベオン、コーラル、スギライト、セレナイト、ソーダライト、ターコイズ、デザートローズ、パイライト、パール、ヘマタイト、フローライト、マラカイト、ラピスラズリ、ラリマー、レモンクォーツ、ロードナイトなど

［ 日光浴 ］

　太陽の光を浴びることは、身体にも心にもよいといわれているように、石にとっても日光浴はプラスのエネルギーがあるといえるでしょう。太陽による日光浴は30分程度で十分ともいわれています。できれば日の出に近い時間、午前中が理想です。ただし、紫外線に弱い石（退色する可能性）もありますから注意が必要に。いずれにしても、長時間の放置や頻繁な浄化は避けましょう。

⦸ 日光浴による浄化が不向きな石

アクアマリン、アメシスト、アンバー、アンモライト、インカ
ローズ、エメラルド、オパール、カーネリアン、クンツァイト、
コーラル、サファイア、シトリン、スギライト、スモーキークォー
ツ、ターコイズ、チャロアイト、デザートローズ、トパーズ、
パール、フローライト、マラカイト、モルガナイト、ラリマー、
ルビー、レモンクォーツ、ローズクォーツ、ロードナイトなど

⟦ 月光浴 ⟧

　月が地球やわたしたちの身体と心に影響があるといわれているよう
に、月光浴は石にとっても影響があるパワー充電方法だと考えられて
います。そしてこの月光浴は、日光浴とは違い、すべての石に使える
浄化方法といえるでしょう。とはいえ、月のやさしい光に向いているの
は、波動が穏やかな石ともいえそうです。特に、もともと月のパワーが
宿っているといわれる「ムーンストーン」や「パール」などは、月光
浴に最適なパワーストーンだといわれています。

⟦ 水晶クラスター＆さざれ石 ⟧

　水晶クラスターは、とても強力な浄化作用があるといわれています。
水晶は、すべてを清めて浄化する働きがあるといわれているため、波
動を整える効果が最も高い石になります。その水晶の群生のことをク
ラスターと呼び、クラスターの上に石を乗せて浄化する方法が、水晶

クラスターによる浄化方法です。同じように、水晶のさざれ石にも、浄化作用があるといえるでしょう。どちらも、すべての石に使える浄化方法でもあります。ただし、このクラスターもさざれ石も、購入時は浄化する必要がありますから、忘れないようにしてください。また傷つきやすい石を、クラスターやさざれ石に乗せるときは、慎重に扱いましょう。

［　煙　］

　煙により浄化も、すべての石に使える浄化方法です。セージやラベンダー、お香など、乾燥したハーブを使って燻す方法となります。ハーブに火をつけたら、手であおいで火を消し、そのときに立ち上る煙にパワーストーンをくぐらせます。浄化した後は、やわらかいタオルでやさしく拭き取りましょう。

［ 音叉 ］

　音叉による浄化も、すべての石に使える浄化方法です。音によって、気分が癒されたり、逆に高揚したりする経験は、誰でもあるのではないでしょうか。石にも相性のよい音があるといわれ、最も周波数が合うとされているのが4096Hzになります。音叉を水晶に軽く打ち付け、そこから発せられる音が石を浄化するといわれています。音に包まれ、心地よさを感じるまで、また、自分がしっくりくるまで、音と石を共鳴・共振させましょう。

第3章

数秘術とパワーストーンの組み合わせについて

願望実現の最強のパートナーである理由

　数秘術とパワーストーンに共通しているキーフレーズに、「波動」という言葉があります。バリエッタは、目に見えない世界とつながるための媒体として「数」を用いました。「生まれたときに与えられた自分の数」を知り、その数を通して霊的な領域につながることによって「人生が豊かになっていく」と考え、そしてそれが「心の健康」につながるとも思っていました。そのバリエッタのベースには、「すべてはバイブレーションである」という考え方があります。つまり、すべてのものには「波動」があるということです。数には数のバイブレーション、つまり波動がありますから、それを取り入れて生きることで、宇宙と共鳴していくことができると考えたのです。

　わたしは、「開運の基本」は3つあると思っています。

　1つめは「自分を知ること」です。数秘術の大きな魅力は、そこがベースとなっていることだといえます。人生が豊かになる秘訣は、「自分を知ることにある」と教えてくれる占術が、数秘術なのです。

　パワーストーンは、自分と石が調和すること（波動が共振すること）で、心身を正常な状態に保ってくれるアイテムだといえるでしょう。わたしが考える2つめの「開運の基本」は、「自分が健康でいること」です。パワース

トーンの大きな魅力は、そこがベースとなっていることだといえます。身体が健康であることはもちろん、心も健康でないと、自分の力で立つことは難しいでしょう。

わたしが指針にしている3つめの「開運の基本」は、「自分の軸があること」です。自分に軸がないと、フラフラしてすぐに流されたり、倒れたりしてしまいます。自分に軸があれば、たとえなにかあったとしても、しなやかに対応ができるようになりますから、そう簡単に流されたり、倒れたりすることはありません。ではどうやって自分軸を作っていくか……やはり自分軸を作るには、「自分を知ること」が必要であり、「自分が健康でいること」が大切だといえるでしょう。逆をいえば、そこが整えば、自然と自分軸が築けるともいえます。

この土台があってこそ、願望実現が可能となるスタートラインに立てるのです。ときどき思いがけない嬉しいスピリチュアルな経験（たとえば、偶然とは思えないような神秘的な出来事が重なるなど）をすると、いきなり「思い描いたことが実現した……！」と感じることがあるかもしれません。ですが、やはりそういう奇跡のように感じることが起きる人は、普段から全くなにもしていない人ではなく、意識せずとも日頃から自分の土台をちゃんと築き上げる努力をしているケースが多いのです。

「数秘術」によって、自分を知ることで自分の波動を上げていき、「パワーストーン」によって、心身ともに健康になることで自分の波動を高めていくことが可能となりますから、この2つを掛け合わせることは、まさに願望実現の最強ツールとなり得ます。むしろ、数秘術と

パワーストーンを上手に取り入れることができれば、どんどん願いが叶っていくはずです。とはいえ、数や石にただ頼るのではなく、それらと上手につきあっていくことが大切なのは言うまでもないこと。数や石は、自分軸を築くためのツールであり、願望を実現させるのは自分自身であることをしっかり意識していきましょう。

この２つのツールが、願望実現の最強ツールとなり得る有効な理由は、「自分に合ったパワーストーンを選ぶことができる」というところにもあります。

パワーストーンを選ぶときに、「どうやって選んだらいいかわからない」「自分に合うパワーストーンがわからない」という話をよく聞きます。もちろん、「直感で選ぶ」というのも大きなポイントでしょう。直感とは本音の感覚であり、理性では説明できないものです。理由がないのに「このパワーストーンがいい」と無条件に感じるということは、なによりもそれに「特別なご縁」を感じているということになりますから、信頼してよいと思います。ただ、直感の感覚が今ひとつうまくつかめないという人も多く、石選びに悩む人が後を絶たないのも現状だといえるでしょう。

そんなときに、数秘術を参考にするのはとても有効です。なぜなら、「ライフ・パス・ナンバー」は、自分が本来持っている性質などを表すため、自分を理解する大事な一歩となり得る数といえるからです。たとえば「ライフ・パス・ナンバー」が「１」の人は、「１」に該当するパワーストーンを持つことで、「自分のよさ」や「自分らしさ」が引き出される可能性が高くなるでしょう。同じような波動のものは引き

合いますから、バイブレーションがよりよいほうに活性化していくと考えられるのです。このように、自分の波動に近いパワーストーンを、数秘術によって見つけることが可能です。

　これは、自分の「ライフ・パス・ナンバー」にピンとくる人にはもちろん有効ですが、そうではない場合にも有効です。ピンとくる人は、「1」なら「1」のパワーストーンを見たときに、「この石、すごくいいな」と思ったり、すぐに「自分に合いそうだな」と感じたりします。その時点でお互いの波動が引き合っていますから、効果も早く実感しやすいのが特徴といえるでしょう。

　ピンとこない人にも有効な理由は、その「数の潜在的な波動を生まれながらに持っている」というところにあります。自分が意識できる部分では、まだその数にピンときていなくても、数秘術ではその数があなたの数であり、その数を意識することで人生が豊かになっていくと考えられています。そのため、同じような波動を持つ石には、自分が潜在的に持っている力を引き出してくれる可能性があるわけです。効果を感じる速度は人それぞれとなりますが、数秘術のキーワードを意識することで、思いがけない展開や幸運を引き寄せることは十分に考えられるでしょう。

　もうひとつ、数秘術では、「自分の足りない部分を知る」ということも可能です。そこをパワーストーンで補うという方法もあります。自分にはない数の波動を、他の数に該当するパワーストーンで引き寄せる方法です。たとえば自分の「ライフ・パス・ナンバー」が「4」で、自分は変化に弱くて冒険心が足りないと思ったとしましょう。その場

合に、「変化」や「冒険心」をキーワードに持つ「5」のパワーストーンを身につけるといったイメージです。もちろん自分のよさを生かすことも大切ですから、自分の「ライフ・パス・ナンバー」に該当する石も一緒に取り入れるのが望ましいでしょう。自分のよさを生かしながら、自分には持っていない他の数の波動も取り入れていく、そうすることで自分に変化を起こしていくということです。

　数秘術を知ることで、自分に合うパワーストーンも知ることが可能となり、なにを身につければよいのか迷うことがなくなります。

　まずはこの2つのツールで、自分の土台をしっかり築いていきましょう。その上で自分の願望をしっかりと思い描き、そこに邁進していけば、自分軸も築かれ、願いが叶うスピードも速まります。その結果、自分が望むような嬉しい効果を引き寄せることが十分可能となるでしょう。

数に対応するパワーストーン

　数秘術で扱う数には、その数の意味があると同時に、その数に対応する色が存在しています。占術家によって扱う数が異なることは「数秘術」の項目でもお伝えしましたが、数と色の対応においても、占術家によって異なる傾向があります。というのも、数と色に関する対応について、その起源が明確ではないからです。とはいえ、数の持つエネルギーと色の持つエネルギーに近いものが対応すると考えられています。本書では多くの数秘術師が扱っており、わたし自身も納得した色の対応を採用しています。

　この数に対応した色のパワーストーンが、数に対応した石として選ばれており、「数秘守護石」と呼ばれています。なぜなら、同系色の石は、その効果や効能において共通点を持っていることが多いからです。自分と縁のある数に対応した色の石を身につけると、全体の波動を整えてくれたり、自分のよさや才能を引き出したり、お守りのような役割を果たしてくれる、といわれています。

数に対応する色

1　レッド

2　ホワイト

3　イエロー

4　グリーン

5　ブルー

6　ピンク

7　ネイビー

8　オレンジ、ブラウン

9　パープル

11　シルバー

22　ゴールド

33　レインボー

数に対応するパワーストーン

1	ガーネット、インカローズ、レッドジャスパー、レッドスピネル
2	ムーンストーン、ホワイトカルセドニー、ミルキークォーツ、セレナイト
3	シトリン、アラゴナイト、レモンクォーツ、イエローカルサイト
4	ヒスイ、アベンチュリン、マラカイト、ペリドット
5	ターコイズ、ブルーレースアゲート、ラリマー、アマゾナイト
6	ローズクォーツ、モルガナイト、ロードナイト、クンツァイト
7	ラピスラズリ、アイオライト、タンザナイト、ディープブルーフローライト
8	カーネリアン、サンストーン、スモーキークォーツ、タイガーアイ
9	スギライト、チャロアイト、パープルフローライト、ラベンダーヒスイ
11	ラブラドライト、ヘマタイト、ペリステライト、ギベオン
22	ルチルクォーツ、アンバー、パイライト、デザートローズ
33	レインボークォーツ、オパール、ファイヤーアゲート、アンモライト

数秘術 **1** に対応

💎 ガーネット
💎 インカローズ
💎 レッドジャスパー
💎 レッドスピネル

ガーネット
柘榴石（ざくろいし）

硬度 7.5

熱い想いを実らせ
愛も成功も引き寄せる

石の特徴

『ガーネット』は、古代からお守りとして用いられたもっとも古い天然石のひとつであり、ラテン語で種子という意味の「granatus」に由来しています。ハプスブルク家など、世界の名家が誇る宝飾品として愛用されてきました。和名にもなっているザクロの実が一族の血と実りの象徴に用いられていたようです。また、『ガーネット』には、「ひとりの人に忠誠を尽くす」というメッセージがあり、愛にまつわる話しがたくさんあります。結婚18年記念の石でもあり、それだけ時が流れても、「変わりない愛情であなたに尽くす」という想いを込めて、パートナーに贈るとよいのだそうです。

石のチカラ

成功
「実りの象徴」である『ガーネット』。人生のサバイバルにおいて、勝利をつかむために欠かせない石です。前向きなパワー、生き抜く強さ、勇気や行動力、情熱などを授けてくれます。仕事や試験など、大事な場面でサポートしてくれるでしょう。

愛情
変わらぬ愛を誓うときに持って欲しい石。愛情を深めたいときに効果を発揮してくれるといわれています。また、恋愛成就を願うときにも、力を貸してくれるでしょう。

健康
一族の血と実りの象徴である『ガーネット』。血との関連が言い伝えられているこの石は、貧血やケガをしたときの出血防止になるという俗信があります。また、血のめぐりが悪いとき、老廃物を排出したいと思うときにも有効です。

インカローズ
菱マンガン鉱（りょうまんがんこう）
硬度 3.5 〜 4

情熱を呼び覚まし
薔薇色の人生に導く

石の特徴

　正式名は『ロードクロサイト』になりますが、『インカローズ』として親しまれています。ギリシャ語の「rhode（薔薇）」と「chrom（色）」が

由来です。アルゼンチンで発見された原石を輪切りにすると、薔薇の花のような模様が現れたことから、「インカの薔薇」と呼ばれるようになりました。美しい赤色のものから、ピンク色のもの、半透明や不透明なもの、白く縞があるものなど、その表情はさまざまです。上質とされているのは透明感があり、赤みが強く発色されているものとなります。その名前や色彩から、「薔薇色の人生」を象徴する石ともいわれ、特に愛情面において、情熱やセクシャリティを引き出すともいわれています。

石のチカラ

愛情

愛の女神であるヴィーナスのシンボルともいわれる薔薇を連想させるこの石は、愛情面を情熱的にサポートしてくれるパワーストーンです。実はヒーリング効果も高く、傷ついた心を癒してくれるともいわれ、新しい恋に前向きに立ち向かうパワーも引き起こしてくれます。過去の恋に決別したいときもおすすめです。

成功

アンデス文明史上最大のインカ帝国より発見されたことから、この石には並々ならぬパワーが備わっているといわれるほど。成功や富を引き寄せたいとき、名声を得たいと思うときに身につけると、サポートしてくれるといわれています。

成長

「薔薇色の人生に導く石」といわれる『インカローズ』には、愛ある魅力的な人間に成長させてくれる効果が。楽しみながら生きる、そんな活力を授けてくれるパワーストーンだといえるでしょう。

レッドジャスパー

赤碧玉(せきへきぎょく)

硬度 7

大地のパワーを授け
体力を回復させてくれる

石の特徴

　古代の出雲では、「ジャスパー」で勾玉などが作られていました。日本でもいろいろな場所で算出されています。「アゲート」や「カルセドニー」と同種ですが、比較すると特徴的に不透明です。「ジャスパー」は、特殊な条件で形成された不純な「石英」の集合体になります。カラーバリエーションも多く、酸化鉄が含まれていて赤いものが『レッドジャスパー』です。地味なイメージを持たれるパワーストーンですが、複雑な模様を持つことも多く、芸術的な美しさを持つ石です。緻密さにより、研磨するときれいな光沢を放ちます。『レッドジャスパー』は、その色合いから生命力を象徴するともいわれています。

石のチカラ

健康

体力をつけてくれるといわれており、エネルギーアップしたいときに身につけるとサポートしてくれるパワーストーンです。疲れたときの疲労回復効果も期待できるでしょう。また、身体への作用はもちろん、心の安定にも有効だといわれています。大地とつながるような感覚を持たせてくれ、緊張を緩和してくれたり、不

安を解消してくれたり、地に足のついた現実的な視点を与えてくれる石です。ネガティブをポジティブに変え、前に進む勇気を授けてくれるでしょう。忍耐力が欲しいと思うときもおすすめです。

魔除け
危険や災難から守ってくれる効果があるといわれています。家庭のお守りとしても有効ですし、心配なことがあるときに身につけると、心を落ち着かせてくれるでしょう。

レッドスピネル
尖晶石（せんしょうせき）
硬度 7.5 〜 8

前向きなエネルギーを授け
自信が持てるようになる

石の特徴

「スピネル」は、ラテン語で「とげのある」を意味する「spina」が語源となっています。さまざまな色のバリエーションを持つ石ですが、その中で最も評価されているのが赤となり、『レッドスピネル』と呼ばれます。『レッドスピネル』の逸話で有名なのは、なんといってもイギリス王室に伝わる「黒太子のルビー」でしょう。英国の王冠に使われる中でも最も古いもののひとつで、当初は「ルビー」だと思われていました。なぜなら、18世紀までこの2つ（「コランダム」と「スピネル」）は混同されていたからです。『レッドスピネル』はその鮮やかな

色からも、エネルギーや活力を与えてくれるといわれています。

成功

英国の王冠に使われている歴史ある『レッドスピネル』。ルビーと間違えられるほどの輝きを持つこの石は、まさに繁栄の象徴です。目標があるとき、挑戦したいことがあるときは、この石が実現に向けてサポートしてくれるでしょう。前向きなエネルギーをくれる力強いパワーストーンだといえます。

愛情

赤が映える美しい輝きは、魅力を高めてくれる効果があるといわれています。身につけると自分に自信を持てるようになり、自分の長所を認められるようになるはずです。恋愛面でも積極的になれる効果が期待できます。特に、自分の想いを伝えたいとき、不安な心を支え、しっかりと後押ししてくれるでしょう。

数秘術 **2** に対応

💎 ムーンストーン
💎 ホワイトカルセドニー
💎 ミルキークォーツ
💎 セレナイト

ムーンストーン
月長石（げっちょうせき）
硬度 6 〜 6.5

愛と神秘性を備える
月の女神が宿る石

石の特徴

　『ムーンストーン』は、古代から「月のパワーを秘めた石」として崇められてきた歴史があります。多くの色がありますが、なんといっても代表的な色は、やさしい乳白色の『ムーンストーン』です。光の反射により「シラー」と呼ばれる、やわらかい光を生み出す特徴があります。月の満ち欠けにより、石の大きさが変化する不思議な現象を感じた古代の人は、この石に「月の女神の力が宿っている」と思っていました。現代でも、女性の象徴である月のお守りとして、特に女性に人気があるパワーストーンです。ヨーロッパでは暗闇を照らす旅のお守りとして、古代インドでは聖職者が身につける聖なる石として珍重さ

れてきました。

健康

月に関連があるといわれる『ムーンストーン』。月の満ち欠けが女性の月経と関連があるといわれるように、ホルモンのバランスを整えてくれたり、月経の不順や更年期障害をやわらげてくれたりする効果があるといわれています。情緒が不安定なときに、穏やかにしてくれる石でもあり、感情面を支えてくれるパワーストーンだといえるでしょう。

愛情

まるで月が照らしてくれるように、愛情面において全般的にやさしくサポートしてくれるのがこの『ムーンストーン』です。持ち主をやさしい気持ちにさせ、愛情を豊かにしてくれます。また直感力が高まり、相手の気持ちを汲み取る力も高まるでしょう。結婚13年目の記念石ともされており、夫婦円満に最適な石でもあります。遠距離恋愛中のふたりにとっても、力強いバックアップをしてくれるパワーストーンです。

良縁を引き寄せ
人間関係を円滑にしてくれる

石の特徴

　ギリシャのカルセドンという場所で、良質な石が採れたことがきっかけとなり、「カルセドニー」と名付けられたパワーストーン。「カルセドニー」は、豊富な色を持つ石です。「石英」の一種で、石に模様がなく、色が均一で半透明のものを「カルセドニー」と呼び、その中でやさしい色合いの乳白色のものを『ホワイトカルセドニー』と呼びます。さまざまな物質からできた結晶で「共有」や「集合」という意味が込められ、身につけると絆を深めてくれるといわれています。人間関係を良好にするといわれ、よい縁を呼び込み、心地よい関係を築けるよう促してくれる心強いパワーストーンです。

石のチカラ

**人間
関係**

　「共有」「集合」の意味が込められている「カルセドニー」。人との絆を深めてくれる石ですが、特に『ホワイトカルセドニー』は、相手のことを受け入れる力をサポートしてくれます。積極的なコミュニケーションを促すというよりは、聞く力を高め、周りとの調和を保つような役割があるといえるでしょう。穏やかな関係性を築く手伝いをしてくれるパワーストーンです。

人と人を結ぶ石ともいわれているため、良縁を引き寄せる効果があります。ときめくような恋というより、安定した大人の出会いを促してくれるようです。また、大切な人との結びつきを強めたいときに、身につけるのもおすすめ。こじれてしまった関係を修復したいときにも、サポートしてくれるでしょう。

愛情

ミルキークォーツ
乳石英（にゅうせきえい）

硬度7

やさしく包み込み
心に安心感を与えてくれる

石の特徴

　『ミルキークォーツ』は、その名の通り、やわらかいミルク色をした乳白色のパワーストーンです。「石英」の一種で、結晶の内部にあるアルミニウムの影響により、不透明となっています。石によっては内部に針状の結晶であるルチルと呼ばれる金紅石（きんこうせき）を含むタイプがあり、シラー効果やスター効果が見られるものもあります。「ムーンストーン」に似ている石でもあるため、透明度の高いものやシラーがあるものは区別しにくい場合も。また、マダガスカル産の高品質な『ミルキークォーツ』のことを「ジラソル」と呼ぶこともあります。「オパール」に似ているととらえられているようです。

石のチカラ

癒し

『ミルキークォーツ』が放つ波動は、やさしくて、やわらかくて、まるですべてを受容してくれるようです。落ち込んだときや、気持ちに焦りがあるときに身につけると、心に安心感やゆとりを与えてくれるでしょう。また、過去の痛みや、わけもなく不安を感じるときに、感情を落ち着かせて安らぎをもたらしてくれる効果があるといわれています。少しずつ、自分を認められるようになる可能性も。

人間関係

心を穏やかに整えてくれる効果があるといわれる『ミルキークォーツ』。人間関係においても、周りとの調和を促し、良好な関係を築くサポートをしてくれます。また、スムーズな関係を築けないときに身につけると、コミュニケーションが円滑に進む効果も。お互いが放つ波動の違いを、まるで『ミルキークォーツ』が調整してくれるようです。

セレナイト
透石膏（とうせっこう）
硬度2

ヒーリング効果が高く
ひらめき力も授けてくれる

石の特徴

ギリシャ語で「月」を意味する「selenites」、もしくはギリシャ神話の月の女神「セレネ」が、語源となっている『セレナイト』。無色から

白色の石膏が『セレナイト』と呼ばれています。まるで絹の糸のような細かい線が表面に浮かんでいるようで、とても繊細なパワーストーンです。やさしい波動を放つ石ですが、その分もろくて、水や湿気にも弱い性質を持っています。とはいえ、大きな平たい『セレナイト』は、古代のヨーロッパの宮殿や教会などの板ガラスとして使われ、「聖母マリアのガラス」と呼ばれていたようです。光の反射により、キャッツアイ効果もあり、やさしいだけではなく、研ぎ澄まされた神秘性を感じさせます。

石のチカラ

癒し

『セレナイト』はヒーリング効果がとても高い石です。やさしい波動で、心をリラックスさせてくれるでしょう。気持ちが落ち着かないとき、焦りで不安が膨らむときなど、マイナスに傾いたエネルギーを立て直してくれるといわれています。ストレスを感じやすい人に、おすすめの石でもあります。

直感

とても神秘性を感じさせる石で、持っているだけで次のステージに導いてくれるような、不思議な感覚になるパワーストーンです。自分が果たすべき役割を見つけられるようになったり、思考がクリアになったり、思いがけないインスピレーションが降りてきたり、ひらめき力を授けてくれるといわれています。自分の存在意義を感じさせてくれる効果も。

数秘術 **3** に対応

💎 シトリン
💎 アラゴナイト
💎 レモンクォーツ
💎 イエローカルサイト

シトリン
黄水晶（きすいしょう）

硬度 7

富と繁栄をもたらし
心身ともに豊かな暮らしをサポートする

石の特徴

　『シトリン』の語源は、「シトロン」という柑橘類の果実に由来しています。水晶に鉄分が含有することにより、やさしいレモン色から褐色に近い色まで、さまざまな黄色の濃淡があります。残念ながら、天然の黄色い『シトリン』は稀少で、流通しているものの多くは、アメシストを熱処理しているものになります。とはいえ、天然シトリンと成分は同じ。パワーストーンとしての意味合いに差が生まれることはないと考えられています。『シトリン』は古くから、富と繁栄をもたらす石として、大切にされてきた歴史があります。その色から、財運をもたらすといわれ、商売繁盛の石として大変有名です。

仕事

商売繁盛といえば、この『シトリン』は欠かせません。新しく事業を立ち上げたいと思うとき、事業を拡大したいと思うとき、どちらの場面でも力強くサポートしてくれる石といえるでしょう。

財運

富と繁栄をもたらす石とされるため、財運をアップさせたいときに身につけるのがおすすめです。豊かな暮らしをサポートしてくれる心強いパワーストーンになります。

人間関係

『シトリン』は、明るい対人運を促してくれる石です。周りとのコミュニケーションを活性化させ、スムーズなやりとりができるようになるといわれています。トラブルが起きたときの関係修復にも。

健康

精神的なストレス緩和によいとされています。特に胃がキリキリするときにおすすめです。消化を促してくれる効果も。

アラゴナイト
霰石（あられいし）
硬度 3.5 〜 4

人脈を広げてくれ
契約においても効果を発揮

石の特徴

　『アラゴナイト』は、スペインの「aragon」という場所から発見された
ことが語源となっています。和名の「霰石（あられいし）」は、原
石が「あられ状」だったことから名付けられました。カラーバリエー
ションはほかにもありますが、一番ポピュラーなのがイエローになりま
す。紀元前4000年頃に、古代メソポタミアのシュメール人が『アラゴ
ナイト』で印章を作っていたといわれ、古くから親しまれていた石の
ひとつです。「イエローカルサイト」と似ているため、間違われること
も多いのですが、それは、ほぼ同じ成分を持つ鉱物なのに異なる結晶
構造を持つためとなります。この関係を「同質異像（どうしついぞう）」
といいます。

石のチカラ

人間
関係

　「人脈の石」といわれる『アラゴナイト』。身につけることで人
望を集める効果があるといわれています。社交性を高めたり、
必要な縁をつないでくれたり、自分を上手にアピールできるよ
うになるでしょう。コミュニケーション力をアップしてくれると
いわれ、人間関係におけるストレスを軽減してくれる効果も。

仕事 印章として使われていた歴史があるため、大事な契約があるときに身につけるとよいといわれています。緊張感がほぐれ、スムーズなやりとりを後押ししてくれるでしょう。

結婚 「婚姻届」を出すときにもおすすめの石が『アラゴナイト』です。結婚はその後の人生に影響を与える大事な節目ですから、その最初の一歩である「婚姻届」を出すときに、ぜひサポートしてもらいましょう。

レモンクォーツ
檸檬水晶（れもんすいしょう）
硬度7

人間関係を円滑にし
思考をポジティブに変換してくれる

石の特徴

　硫黄の成分が混入して、レモン色に発色した水晶が『レモンクォーツ』です。現在流通している多くの石はクリアなタイプで、実は「スモーキークォーツ」を加熱処理したものになります。とはいえ、大変貴重ではあるものの、やさしいレモン色をしたナチュラルなものも、もちろん存在しています。原石を少しにすっただけで、ほんのりと硫黄の香りがするのが特徴です。「シトリン」と混同されることもありますが、この2つの石は発色に違いがあります。「シトリン」は鉄分の影響で発

色し、『レモンクォーツ』は硫黄が影響しているため、「シトリン」より
もクリアで爽やかなイエローだといえるでしょう。

石のチカラ

心の健康

身につけていると気持ちが明るくなり、前向きなエネルギーを
授けてくれるといわれる『レモンクォーツ』。悩みがあったとき
に、根本にある不安などから解放してくれる効果があるといわ
れています。ストレスを軽減し、精神を安定させてくれる石です。
マイナスからプラスへ、ネガティブからポジティブへ、思考を
変換してくれるともいわれています。

人間関係

明るく楽しい人間関係を築いてくれる石が『レモンクォーツ』
です。コミュニケーション力を高めてくれ、円滑な関係をサポー
トしてくれるといわれています。また、創造性が必要となる打
ち合わせや会議などにおいても有効なパワーストーンです。活
発なやりとりをする場面で身につけると、効果的に働きかけて
くれるでしょう。

イエローカルサイト

方解石（ほうかいせき）

・─・─・

硬度 3

明るい波動を放ち
プラスに割り切る力を与えてくれる

石の特徴

　「カルサイト」は、オーストリアの鉱物学者であるハイデンガーが、ラテン語の石灰「calcite」にギリシャ語の語尾「ites」をつけて命名しました。さまざまな色を持つ石ですが、黄色の石が『イエローカルサイト』です。「アラゴナイト」でも触れていますが、この2つの石はとても似ているため間違われることも。「アラゴナイト」は斜方晶系、「カルサイト」は六方晶系（三方晶系）で、結晶系に違いがあります。「カルサイト」は、衝撃に弱く割れやすい石です。また、「複屈折」という性質があり、文字の上にこの石を乗せて見ると、二重に見えるという特徴が。その特徴を、「ダブル・リフラクティング・スパー」といいます。

石のチカラ

心の健康

やさしく明るい波動を持つ石で、前向きなパワーを授けてくれる効果が。落ち込んでいるときや、不安が増長しているとき、緊張感が高まっているときに身につけると、心を落ち着かせてくれるでしょう。また、忙しくて余裕がないとき、心身ともに疲れて

いるときにおすすめです。心のバランスが取れるようになり、物事のプラスの面を見ていくことができるはず。

明るく和やかに人と接することができるようになるといわれています。社交性が欲しいとき、会話を弾ませたいときは、ぜひ身につけてみて。また、割れやすい特徴があることから、物事を割り切ることができるようになる可能性も。人間関係で悩んだときに、「こうすればいいんだ」と、プラスに割り切ることができるようになるでしょう。

人間
関係

数秘術 **4** に対応

💎 ヒスイ
💎 アベンチュリン
💎 マラカイト
💎 ペリドット

ヒスイ
翡翠（ひすい）

硬度 6.5 〜 7

古代より護符として活用され
富と繁栄をもたらしてくれる

石の特徴

　縄文時代から、勾玉として扱われる歴史を持つ『ヒスイ』。日本においてはもちろん、世界中でお守りとして大切に扱われている石のひとつです。また、新潟県や富山県のヒスイ海岸はよく知られた場所だといえるでしょう。そういったことからも、2016年には、日本鉱物科学会の総会で「ヒスイ」が国石に選定されました。ヒスイには「翡翠輝石（ひすいきせき）」と呼ばれる硬玉の「ジェダイト」と、「ネフライト」と呼ばれる軟玉があります。より希少性があり高価なのは「ジェダイト」で、色のバリエーションもありますが、やはり代表的なのはグリーンです。「ジェダイト」のグリーンは、クロムや鉄によるものにな

ります。

石のチカラ

魔除け
古代より護符として活用された歴史ある石です。権力者たちから、特別な力があるとして、富の象徴として崇められたり、祭祀に用いられたりしてきました。身につけると心が安定し、どんどん波動が高まり、潜在能力が引き出されていくといわれています。自信を高めたいときに身につけるのもおすすめです。

成功
繁栄をもたらす石として名高く、自分がやりたいこと、仕事に関すること、人間関係を含め、富を引き寄せてくれるといわれています。

家庭運
家を守ってくれる効果も。家庭円満に欠かせない石だともいえるでしょう。

健康
新陳代謝を活発にしてくれ、腎臓などの働きにも有効だといわれている側面も。

アベンチュリン

砂金水晶（さきんすいしょう）
砂金石英（さきんせきえい）

硬度7

リラックスしたいとき
家族や恋人との関係に
悩んだときに

石の特徴

　砂金のようにキラキラとした輝きを持つ現象を「アベンチュレッセンス」といいます。そこから、『アベンチュリン』という名前がつきました。とはいえ、『アベンチュリン』は希少性が高く、なかなか流通していません。この「アベンチュレッセンス」が見られない『グリーン・クォーツァイト』という石が、現在多く流通しているパワーストーンとなります。どちらの石でも、その効果に差はないといわれています。また、グリーンが特に美しいものは「インド翡翠」と呼ばれることもありますが、「ヒスイ」とは異なる鉱物です。

石のチカラ

癒し

ストレスの緩和に最適な石。緊張感を和らげてくれるため、リラックスしたいときはぜひ身につけてみましょう。悩み事があるときも、この石がサポートしてくれるはず。特に、大きな悩みというよりは、日常的な悩みを解消してくれるといわれています。また、人疲れしているときにも有効です。相手とのバランスや調和を整え、心を安定させてくれるでしょう。

**人間
関係**

遠い関係より、近い人との関係が円満にいくようサポートして
くれます。家族や恋人など、近いからこそ生じるすれ違いや不
満を解消してくれる効果が。身につけていると、相手を寛大な
心で受け入れられるようになるはずです。イライラ防止におす
すめの石。相手に対するネガティブな感情を手放したいときも、
最適だといえるでしょう。

マラカイト
孔雀石（くじゃくせき）
硬度 3.5 〜 4.5

強力な邪気払いと
高いヒーリング効果を持つ石

石の特徴

　植物の「ゼニアオイ」の緑色に似ていることから、その色であるギ
リシャ語の「malache（マラキー）」が語源となった石です。また、そ
の模様が孔雀の羽に似ていることから、和名は「孔雀石」となりました。
『マラカイト』は、研磨をすると目のような模様が浮かびます。ヨー
ロッパでは、それが危険を察知し、邪気を払うといわれ、護符として
活用されていました。古代エジプトのクレオパトラが、粉末にしたマラ
カイトをアイシャドウとして使用していたのは有名な話。美を際立たせ
ることはもちろん、魔除け効果を狙ったものという説もあります。いず
れにしても『マラカイト』は、古代より世界のさまざまな地域で、お守
りとして扱われてきた歴史があります。

魔除け

護符として使用された歴史は古く、邪気払いに最適な石のひとつだといえるでしょう。災いを未然に察知し、それを避ける効果があるといわれています。たとえ何か危険なことがあっても、身代わりとなり守ってくれる、という言い伝えもあります。魔除けには、目の模様がくっきりと出た石を選ぶのが有効です。

癒し

高いヒーリング効果が期待できる『マラカイト』。特に過去のトラウマに対する、負のエネルギーを緩和させてくれるといわれています。デトックス効果も高く、嫉妬や執着、依存が強いときに身につけると、心を軽くしてくれる可能性も。

健康

眼の疲労を和らげてくれるといわれています。また、体内に溜まった老廃物を排出してくれる効果も。

ペリドット

橄欖石（かんらんせき）

硬度 6.5 〜 7

自信と希望を与えてくれ
良質な波動に変えてくれる

石の特徴

宝石の名称は『ペリドット』、鉱物としての名称は「オリビン」といいます。きれいなオリーブグリーンの石で、鉱物名はそのオリーブに由

来してつけられました。古代エジプト王朝では「太陽の石」として崇められた歴史があります。暗闇の中でも、少しの光をとらえて輝く特徴が、権力者たちを魅了しました。『ペリドット』は、皇帝や女王の王冠に飾られたことでも有名です。ハワイでは特別な石とされ逸話もたくさんあります。残念ながら現在ハワイでは採掘されないようですが、光の屈折率が高く、昼夜問わずきらめくこの石は、多くの人を魅了し続け、人気の高いパワーストーンとなっています。

石のチカラ

パワーアップ

太陽のように輝くエネルギーを放つ石として有名で、ネガティブなエネルギーをポジティブに変えてくれる効果があるといわれています。特に、自信をなくしたとき、自分を肯定したいときに身につけるのがおすすめ。徐々に気持ちが明るくなり、物事を前向きにとらえることができるようになるでしょう。希望を授けてくれる石としても有名です。

人間関係

相手の欠点ばかりが目につくとき、マイナスな発言に引っ張られるとき、嫉妬心が高まっているときなど、心のバランスが崩れているときに、サポートしてくれるパワーストーンでしょう。すれ違いや誤解などで関係が悪化している場合も、修復の手助けをしてくれます。また、周りを引っ張っていきたいときに、勇気を授けてくれる石です。

数秘術 **5** に対応

- 💎 ターコイズ
- 💎 ブルーレースアゲート
- 💎 ラリマー
- 💎 アマゾナイト

ターコイズ
トルコ石（とるこいし）
硬度 5 〜 6

天上にいる神々が宿る
神秘的で大きなエネルギーを持つ石

石の特徴

　古代より世界の民族の間で、神聖な石として崇められた『ターコイズ』。護符であることはもちろん、宗教的儀式に、装飾用としても、人類が用いた最も古い石のひとつです。ネイティブ・アメリカンは、青い空が凝縮されたようなこの石を「スカイ・ストーン」と呼び、天上にいる神々の力が地上に宿ったと考えていました。邪悪なものを寄せつけない石とされ、お守りとして身につけていたようです。「トルコ石」と名づけられていますが、産地はトルコではありません。トルコの商人によって各地へ広まったことが由来となっており、遠くへ旅するその旅路を守るため、「旅人の石」ともいわれています。

石のチカラ

魔除け

護符として、特別に神聖化されてきたことは、歴史からみても明らかです。たくさんの言い伝えも残る石。たとえば、持ち主に危険が及ぶと、色を変えたり欠けたりするといわれています。トラブルを回避したいとき、邪気払いが必要なときに身につけると効果を発揮してくれるでしょう。上を目指すとき、パワーアップしたいときもぜひ。

旅のお守り

天空の神々が守ってくれるといわれる『ターコイズ』。「旅人の石」でもありますから、旅行や留学、出張などに持っていくのがおすすめです。特に飛行機を使うときはぜひ身につけて。

人間関係

『ターコイズ』は、贈り合うことでさらにパワーが強まるといわれています。大切な人へのプレゼントにおすすめ。心の絆をさらに深めてくれるはずです。

ブルーレースアゲート

空色縞瑪瑙（そらいろしまめのう）

硬度7

会話をサポートしてくれ良好な人間関係作りを促してくれる

石の特徴

イタリアのシチリア島で産出され、そこにある古い川の名前「アカー

テ」が「アゲート」の由来となっています。いろいろな地域で採掘されますが、日本でも遺跡から発掘されるなど、古くから親しまれている石のひとつです。「アゲート」も、神聖な力があると認識されてきました。『ブルーレースアゲート』は、縞模様が特徴である「アゲート」の中でも、淡い水色と白っぽい縞の模様が複雑に乱れて、レース状に現れたものになります。和名は石のイメージそのもの。きれいな空色をしているため、つけられました。「瑪瑙」は、原石の塊が馬の脳を連想させることから名づけられたといわれています。

石のチカラ

人間関係

スムーズなコミュニケーションを促してくれる『ブルーレースアゲート』。初対面の人でも、緊張せず話せるようにサポートしてくれるといわれています。また、苦手な人と話すときにもぜひ身につけて欲しい石です。物事を冷静に考えられるようになり、落ち着いた良好な関係作りをサポートしてくれるでしょう。また、もっと仲良くなりたいとき、信頼関係を築きたいときもおすすめ。言いたいことを素直に伝えられるようになるはずです。

健康

穏やかなやさしい波動で、心と身体に癒しを与えてくれるといわれています。また、喉の不調を緩和してくれる効果も。風邪を引いて喉が痛いとき、呼吸器系のトラブルを感じたとき、ぜひ身につけてみてください。

ラリマー
ソーダ珪灰石（そーだけいかいせき）
硬度 4.5 〜 5

愛と平和を象徴し
トラウマも取り去ってくれる

石の特徴

　美しい海と空をそのまま反映したような『ラリマー』は、カリブ海に浮かぶドミニカ共和国で産出される石で、正式な鉱物名を「ブルーペクトライト」といいます。果てしなく続く青い空、透き通る穏やかな海を連想させる、きれいなライトブルーが特徴です。『ラリマー』は、「スギライト」「チャロアイト」と並び、世界三大ヒーリングストーンのひとつになります。平和な気持ちにされてくれる石で、まるで海からの贈り物のようです。発見されたのは 1974 年。宝石商のミゲル・メンデスが発掘し、娘の名前である「ラリッサ」と、スペイン語の「mar（海）」から『ラリマー（ラリマール）』と名づけられました。

石のチカラ

癒し

愛と平和を象徴する石で、大きな癒しを届けてくれるといわれています。心に大きな傷を抱えているとき、『ラリマー』がやさしく包み込んでくれるでしょう。特にトラウマがある人に有効で、ネガティブな感情を払拭し、悪い妄想や思い込みを外してくれる効果が。また、嫉妬や怒りを抱えているとき、その感情を手放すサポートをしてくれるはずです。心を軽く、自由にしてくれ

るともいわれるため、窮屈な思いをしているときは、ぜひ身につけてみてください。

人間
関係
愛のある人間関係を築く手助けをしてくれます。相手のことを、大きな愛で受け入れられるようになるでしょう。

健康
美容効果も期待できるといわれていますから、若返りたいときはぜひ。また、呼吸器系のトラブルにも有効だといわれています。

アマゾナイト
天河石（てんがせき）

硬度 6 ～ 6.5

希望を見出す力を授け
明るい未来を引き寄せてくれる

石の特徴

『アマゾナイト』は、アマゾン川の流域で採れた石と似ていたために、そう名づけられましたが、実際はアマゾン川の流域で産出されたわけではありません。遠く離れたブラジルの鉱山から産出されています。鮮やかなライトブルーから、グリーンがかったものまで幅があり、アマゾン川の水の色や空の色をイメージさせるパワーストーンです。熱に弱く、高い温度で退色するデリケートな石でもあります。また、衝撃に弱く、急激な温度の変化で割れることも。『アマゾナイト』は、その明

るい色から、「ホープストーン（希望の石）」ともいわれ、不確定な未来に希望を見出す石だといわれています。

石のチカラ

パワーアップ

「ホープストーン（希望の石）」として名高い『アマゾナイト』は、前向きなエネルギーを授けてくれる石です。夢や目標があるとき、明るい未来をイメージしながら、前に進む勇気を与えてくれるでしょう。具体的な未来を思い描けない人にとっても、希望を見出す力をサポートしてくれるといわれています。

人間関係

心を解放し、緊張感を和らげてくれる効果があるといわれている『アマゾナイト』。心にゆとりを持って人と接することができるようになるでしょう。スムーズな会話を促してくれるため、身につけると良好な関係を築けるように。

健康

ストレスを緩和してくれる石といわれています。また、気管支系のトラブルにも効果を発揮してくれる可能性が。

- ◈ ローズクォーツ
- ◈ モルガナイト
- ◈ ロードナイト
- ◈ クンツァイト

ローズクォーツ

紅水晶（べにすいしょう）
紅石英（べにせきえい）

・───・───・

硬度7

「愛」を代表する最強ストーン
自分を肯定し価値を高めてくれる

石の特徴

　やさしいピンク色が特徴の『ローズクォーツ』は、「愛」を代表する石として、絶大な人気を誇っています。パワーストーンの中でも知名度は抜群でしょう。透明度の高いものを「紅水晶」「薔薇水晶」といい、半透明、不透明なものを「紅石英」「薔薇石英」といいます。やわらかい波動を持ち、心の温度を少しずつ高めてくれるパワーストーンで、愛と美の星といわれる「金星」を象徴する石でもあります。恋愛はもちろん、それだけではなく、自分を愛することの大切さを教えてくれる石です。古代ヨーロッパでは、制約のある愛を貫いた人に「激愛の戦士」の称号を与え、『ローズクォーツ』の装飾品や印章を送ったといわれています。

石のチカラ

愛情
恋愛運を高めたいときの最強パワーストーンです。恋愛成就を望むときは、特に心強いお守りとなってくれるでしょう。それだけではなく、自分を大事にすることを教えてくれる石でもあります。自分を受け入れ、肯定し、相手を思いやる気持ちを育ててくれる石です。

癒し
やさしい波動が心を包み込んでくれます。特に恋愛で傷ついた心を癒す効果があるといわれています。身につけていると、徐々にまた人を愛せるように、自分の価値を高めていけるようになるでしょう。

人間関係
どんな関係においても、根本に「愛」を根付かせてくれます。思いやり、歩み寄りの気持ちを促し、人間関係に幅を持たせてくれる石です。

美容＆健康
美を高めたいすべての人に。月経不順や更年期障害にも。

モルガナイト

モルガン石（もるがんいし）

硬度 7.5 ～ 8

穏やかな波動で包み込み
愛の本質に気づかせてくれる

石の特徴

　『モルガナイト』は、「ベリル」という鉱物で、たとえばグリーンが
映える「エメラルド」や、クリアなライトブルーが特徴の「アクアマリ
ン」と同じ仲間です。以前は「ピンクベリル」と呼ばれていましたが、
1911年にJ・P・モルガン氏にちなんで『モルガナイト』と名づけら
れました。やさしいピンク色をしていますが、その色には幅があります。
透明感の高い美しいもの、少し白っぽく淡いピンクをしているもの、オ
レンジがかったピンクをしているものや、ラベンダーピンクに近いもの
などがあります。いずれにしても、やわらかい波動を持ち、愛と癒しを
象徴する石として有名です。

石のチカラ

愛情

　『モルガナイト』の愛は決して激しいものではなく、穏やかな愛
情です。身につけていると、やさしい面を引き出してくれ、愛
される人になれるよう導いてくれるでしょう。関係を円満にして
くれる効果があるため、相手への依存心が強い人にもおすすめ
です。嫉妬や執着を手放し、相手を尊重する気持ちが芽生えて
くるはず。もし、恋愛が長続きしないと感じているなら、ぜひ

この石にサポートしてもらいましょう。求めるだけの愛ではなく、与える愛の大切さを学ばせてくれるはず。

癒し　気持ちが落ち込むとき、傷ついているとき、やさしく包み込んでくれるようなヒーリング効果があるといわれています。渇いた心に潤いを与えてくれ、ストレスを軽減してくれるでしょう。柔軟性も増し、自分とは違う価値観に目を向けられるようになるはずです。

ロードナイト
薔薇輝石（ばらきせき）
硬度6

現実的な愛をサポートし
自立した愛を根付かせてくれる

石の特徴

ギリシャ語で薔薇を表す「rhodon」が語源です。『ロードナイト』は、美しい薔薇のようなピンク色で、「薔薇色の石」と名づけられています。和名でも『薔薇輝石』となっているのは、そのためです。透明感はなく、しっかりとローズピンクに色づいていますが、濃い赤みがかった色の『ロードナイト』は、「インペリアル・ロードナイト」と呼ばれ、稀少で最上級といわれています。一方で、黒いスジ状の模様が入るものや、斑紋を持つ石もあります。このピンクと黒の組み合わせが、『ロードナイト』の独特な個性ともいえるでしょう。ただただやさしい波動を放つのではなく、地に足のついた愛情を教えてくれる石です。

愛情

穏やかな波動を放つ石ではありますが、しっかりとした芯の強さも感じさせます。受け身の愛だけではなく、自ら愛のために行動することを促してくれるパワーストーンでしょう。想いを形にするために勇気をくれる石ですから、片想いの人や、もう少しで恋が成就しそうな人をサポートしてくれるはず。告白したいときに身につけるのもおすすめです。愛を現実に育ててくれるのが『ロードナイト』で、次のステージにいくための一歩を後押ししてくれます。

人間
関係

心身のバランスを整えて、自立した愛を根付かせてくれるといわれる石です。「友愛」を象徴するともいわれ、周りの人との関係を穏やかに保ってくれる効果があるといわれています。孤立していると感じるときは、ぜひ身につけて。周りに人が集まってくるでしょう。

クンツァイト

リチア輝石（りちあきせき）

硬度 6 ～ 6.5

凛とした気品を感じさせ
成熟した愛を目覚めさせる

石の特徴

鉱物学的には「スポデューメン」といい、ピンクや紫がかったラベンダーピンクの石が『クンツァイト』です。透明感のある美しいものと、

透明感はあまりないけれど、かわいらしい発色とやわらかい波動を持つタイプがあります。どちらにも気品がありますが、希少性が高いのは透明感のあるタイプのものになります。『クンツァイト』は1902年に宝石学者のジョージ・フレデリック・クンツ博士に発見され、その名前にちなんでつけられました。この石が発見された地名から「カリフォルニア・アイリス」とも呼ばれています。やさしいピンク色をしていることから、やはり「愛」に関するエネルギーに満ちているといわれています。

石のチカラ

愛情
やさしい波動を持ちつつも、凛とした気品を感じさせる石です。自分の意志で愛を選び取る、芯の強さも兼ね備えています。そういった意味で成熟した大人の愛を目覚めさせてくれる石ともいえるでしょう。相手を受け入れる寛容さ、愛を与えることの素晴らしさを教えてくれるパワーストーンです。

癒し
傷ついた心や抱えている不安、不満やストレスを和らげてくれる効果があるといわれています。身につけると、純粋で穏やかな気持ちにさせてくれるはず。過去の傷を癒すだけではなく、未来に対する不安も一緒に払拭してくれるでしょう。

ひらめき
自分が成長するための、インスピレーションを授けてくれるといわれています。高いステージに導いてくれる石です。

- 💎 ラピスラズリ
- 💎 アイオライト
- 💎 タンザナイト
- 💎 ディープブルーフローライト

ラピスラズリ

青金石（せいきんせき）

硬度 5 〜 5.5

古い歴史を持つ聖なる石
必要な気づきを促し
魂を成長させる

石の特徴

　『ラピスラズリ』は、最も古い歴史を持つパワーストーンのひとつで、鮮やかな深いブルーが特徴となっています。世界のさまざまな地域で護符として使われ、「聖なる石」として崇められてきました。この石の粉を使って壁画が描かれたりもしています。また、ツタンカーメン王の黄金のマスクに埋め込まれていたり、日本でも奈良の正倉院に『ラピスラズリ』を使った装飾品が納められたりしています。この深いブルーは、結晶内部に含まれる硫黄のマイナスイオンによるものです。キラキラした斑点状の黄金色が見られるのは、鉱物の「パイライト」を含んでいるから。まるで夜空に浮かぶ星のように神秘的です。

石のチカラ

パワーアップ

自分にとっての必要な気づきを促し、ステージアップさせてくれる効果があるといわれています。そのため「幸運の石」としても有名ですが、ただ幸運を引き寄せるというわけではありません。あえて難しい課題に直面させ、成長を促す側面があるようです。また、「第三の目」を開いてくれる効果も。古い価値観を捨てることで、より高いレベルへ導いてくれるといわれています。本気で「変わりたい」と思っている人に有効でしょう。

魔除け

護符としての歴史は長く、古くから邪気を退ける効果があるといわれてきました。神聖な儀式などでも使われたようです。外部からの邪気を払うことはもちろん、身につけている人の内部にある、邪念や不安などを払いのける働きもあります。

アイオライト
董青石（きんせいせき）

硬度 7 ～ 7.5

ベストな道に導いてくれ
デトックス作用も高い石

石の特徴

『アイオライト』は「ion（董色）」と「lithos（石）」という単語を合わせた造語になります。鉱物名は「コーディエライト」です。和名でも董という字が使われている通り、青紫色のパワーストーンになります。

とはいえ、見る角度によっては、淡い青色や灰色がかった黄色など、違う色あいを見せる石です。無色のものは「ホワイト・コーディエライト」、赤く見えるものは「ブラッドショット・アイオライト」と呼ばれ、希少性の高いものとなります。多色性のある石であるため、かつてバイキングが航海のとき、羅針盤代わりに利用していたという言い伝えがあります。実際は、航行の安全を願うお守りだったともいわれています。

石のチカラ

パワー
アップ

羅針盤代わりに使われていたという言い伝えから、身につけていると、迷ったときに何を選べばよいのか、どう進んだらよいのか、ベストな道を教えてくれるといわれています。あらゆる角度から物事を冷静に見られるようになり、重要な決断をしなければいけないときなど、答えを導いてくれる効果があるでしょう。また、直感を磨く作用も。「選択する」という経験が、インスピレーションに磨きをかけるようです。

健康

デトックス作用があるといわれている『アイオライト』。心と身体、どちらにも有効だといわれています。心のもやもやを取り払ってくれ、原点に返ることの大切さを教えてくれる石です。また、蓄積した脂肪を減らす効果もあるといわれています。

タンザナイト

灰簾石（かいれんせき）

硬度 6 〜 7

直感力や精神性を高め
知性にも働きかけてくれる

石の特徴

　鉱物名は「ゾイサイト」といいます。その中で、気品あふれるディープブルーをした「ブルーゾイサイト」が『タンザナイト』と呼ばれています。キリマンジャロの夜空の色に似ているため、ティファニー社の社長が、産地のタンザニアにちなんで命名しました。ティファニー社が名づけ親であるため、世界中の注目を集めることになったのです。「ゾイサイト」は多彩な色を持った鉱物で、パナジウムを含むとブルーの『タンザナイト』となり、マンガンを含むとピンクや赤を発色する「チューライト」になります。不透明なグリーンの「ゾイサイト」の中に「ルビー」を含むものは「ルビー・イン・ゾイサイト」といわれています。

石のチカラ

パワーアップ

　「霊力を与える石」といわれた「ゾイサイト」は、古代ケルト民族の間で儀式などにも使われていました。インスピレーションを高めてくれ、神の啓示を受け取ることができるといわれたほど。『タンザナイト』は「ゾイサイト」の中でも、気品があり美しい石です。身につけると直感力が高まり、自分が本当にすべきことが見えてくるといわれています。

『タンザナイト』は、「冷静な判断ができるようになる」といわれています。精神的に強くなりたいと思う人にもおすすめです。トラウマを抱えている人や、「自分は不幸だ」と感じてしまう人にも有効だといえるでしょう。不安や迷いがあるときに、知性を働かせてくれ、自分にとってよりよい選択ができるよう促してくれます。

知性

ディープブルー
フローライト
蛍石（ほたるいし）
硬度 4

物事の本質を見極め
精神的安定と深い癒しを
与えてくれる

石の特徴

　ラテン語で「流れる」という意味を持つ「fluere」が『フローライト』の由来となっています。和名の「蛍石」はこの由来とは全く異なり、加熱するとパチパチと音を立てて発光するその光が「蛍」に見えることから名づけられました。さまざまなカラーバリエーションを持つ石で、グリーンやパープル、イエローやピンクなどもあり、深いブルーの石を『ディープブルーフローライト』といいます。ブルーよりも深いブルーの石はなかなか貴重です。青色で塊状の石は曲線の縞があり「ブルー・ジョン」とも呼ばれています。また、ひとつの石の中に複数の色を持つものもあり、大変美しいパワーストーンだといえるでしょう。

石のチカラ

知性

脳の働きを活性化させる効果があるといわれる「フローライト」は「知性の石」ともいわれています。考える力を授けてくれ、集中力や記憶力、判断力を高めてくれるでしょう。また、特に『ディープブルーフローライト』は深い思考力を促し、物事の本質を見極める力を与えてくれます。新しい知識を得たいとき、知的な表現力を身につけたいときにもおすすめの石です。

人間関係

感情を安定させてくれる効果があり、人間関係を良好にしてくれます。知的な会話で人を惹きつけることができるようになる、ともいわれています。

癒し

心の奥にある根本的な不安を解消してくれる石として有効です。精神を安定させ、深い癒しを与えてくれるでしょう。

カーネリアン
紅玉髄（べにぎょくずい）
硬度 7

やる気を引き出すだけではなく
家を守るお守りとしても優秀

石の特徴

　『カーネリアン』は、古代より護符として愛用されており、現代でもとてもポピュラーなパワーストーンのひとつです。バビロニア時代には印章として使用された歴史もあります。印章は本人の証となりますから、古代の人が、この石に特別なパワーを感じていた証ともいえるでしょう。ナポレオンも遠征中に持ち歩き、『カーネリアン』を大事にしていたといわれています。「カルセドニー」の一種で、赤みの強いものが『カーネリアン』と呼ばれていますが、これに縞模様が入ると、「アゲート」となり、「サードオニキス」と呼ばれています。結婚12年の記念石という顔も持ち、家庭を守る石としても有名です。

石のチカラ

パワーアップ
ナポレオンが肌身離さず身につけていたといわれるこの石には、積極性や行動力を引き出すパワーがあるといわれています。勇気を持って前進したいときにもおすすめです。

仕事
集中力を高め、やる気をアップしたいときに効果があるといわれています。また、印章として使用された歴史があることから、ビジネスにおける大事な契約時に身につけると安心です。

魔除け
護符としての歴史が長い『カーネリアン』は、魔除け効果も抜群。遺跡などからも発掘されているため、家を守るお守りとしても有名です。安定した家庭を築きたいときにも。

健康
月経不順や生理痛など、女性特有のトラブルに効果があるといわれています。鉄分を含むことから、冷えや貧血などにもおすすめです。

サンストーン
日長石（にっちょうせき）
硬度 6 〜 6.5

自分に自信を持てるようになり
持っている実力を
存分に引き出す

石の特徴

　まるで太陽のようにキラキラと輝く『サンストーン』。ギリシャ語で太陽を意味する「ヘリオ」が由来となる、「ヘリオライト」という別名もあります。太陽神の象徴として崇められてきた石です。このキラキラする現象は光学効果によるもので、アベンチュレッセンスといいます。「太陽」の対を連想させる「月」の石は「ムーンストーン」で、同じ「長石」の一種です。「ムーンストーン」は、穏やかでやさしい波動を発する石ですが、『サンストーン』は、自ら光を放つように明るく、石自体に力強さを感じさせます。オレンジ色や黄色の色調で、産地によって色合いや模様などの表情に変化がみられる石です。

石のチカラ

パワーアップ

　太陽のエネルギーを宿す『サンストーン』は、ネガティブな感情をポジティブな喜びに変えてくれるような、そんな明るい気持ちにさせてくれる石です。身につけていると、活力とバイタリティーを与えてくれ、自信を持って前に進めるようになるといわれています。また、成長や自立を促すともいわれているため、依存心が強い人にも有効。自分を卑下する傾向が強い人にも、

ぜひ持って欲しい石です。

仕事　「勝利の石」として有名なこの石は、積極性や行動力を高めてくれるだけではなく、叶えたい夢や目標をサポートしてくれます。隠れている才能を目覚めさせ、ここぞというときに実力を引き出してくれるでしょう。試験や面接、大事な商談があるときに身につけると効果があるといわれています。

スモーキークォーツ
煙水晶（けむりずいしょう）
硬度 7

魔除け効果も高く、
精神を安定させ
現実をしっかり見つめさせてくれる

石の特徴

『スモーキークォーツ』は、煙がかったような茶色をしていることから、和名で「煙水晶」と呼ばれています。水晶中に含まれた微量のアルミニウムが、自然の放射線を受けて茶色く発色したものが『スモーキークォーツ』です。ちなみに、光をほとんど通さない黒色の水晶は「モリオン」と呼ばれています。透明度の高いものは希少で、現在、一般的に流通しているものは、水晶に放射線を照射したものになります。とはいえ、無色の水晶に照射したものは、天然石と同じ成分なため、価値に差はありません。スコットランドの民族衣装に使用された歴史があり、魔除けの効果があるといわれてきました。

魔除け
古代ローマでは、悪魔払いのお守りとして使用されてきた石で、破邪の力があるといわれています。身につけると、周りの邪念やマイナスのエネルギーから守ってくれる効果が。

癒し
心を浄化し、乱れた感情や精神を安定させ、不安やストレス、緊張や恐怖を解消してくれるといわれています。不眠症の人にも効果があるといわれていますので、気になる方はぜひ。また孤独を感じている人は、持つだけでも気持ちが落ち着いてくるのを感じられるでしょう。

安定
「大地の力が宿る石」といわれる『スモーキークォーツ』は、心と身体の軸を整え、安定させてくれる効果があります。地に足をつけてしっかりと立ちたいとき、現実をちゃんと見つめたいときにおすすめです。

タイガーアイ
虎目石（とらめいし）

硬度 6.5 〜 7

商売繁盛を促し
金運や勝負運を引き寄せてくれる

石の特徴

『タイガーアイ』はその名の通り、虎の目のように見えることから名づけられました。そのため、和名も「虎目石」といいます。光をあてた

ときに、角度によって虎の目のように見える特徴は、シャトヤンシーと呼ばれるキャッツアイ効果のことです。これが、魔を寄せ付けないといわれてきました。古代エジプトでは、魔除けとともに、権力や財力の象徴として、神々の像の眼に「第三の眼」として使われています。古代ローマでは、聖なる霊力をもたらす力があると信じられ、護符として使われていたようです。また、青みがかったものを「ホークスアイ」と呼ぶなど、その色調により呼び方も変わります。

石のチカラ

財運
古くから金運をもたらす石として有名です。それは「虎の目がすべてを見通す力がある」といわれていることが影響しています。洞察力がアップすることでチャンスをつかみ、それが商売につながると考えられているのです。商売繁盛を願う人、新しく事業を立ち上げたいと考えている人に有効でしょう。

仕事
大きな商談のときほど、決断力や実行力をサポートしてくれる石です。重要な仕事を任されたとき、プレッシャーをはねのけ、自分の力に変えてくれる、そんなパワーストーンだといえます。勝負運を高め、成功を引き寄せる効果があるといわれています。

魔除け
古代より聖なる石として崇められてきた『タイガーアイ』。護符としての歴史も長く、魔除け効果は抜群だといえるでしょう。

- 💎 スギライト
- 💎 チャロアイト
- 💎 パープルフローライト
- 💎 ラベンダーヒスイ

スギライト
杉石（すぎいし）
硬度 5.5 〜 6.5

負のエネルギーを取り除き
魂の成長をサポートしてくれる

石の特徴

　『スギライト』は、日本の瀬戸内海、岩城島で発見された石です。申請者である岩石学者村上充英氏の恩師の名である杉健一氏の名前にちなんで、1976年に新種と発表された比較的新しいパワーストーンです。「ラリマー」「チャロアイト」と並び、世界三大ヒーリングストーンのひとつといわれています。実は、アメリカで人気に火がつき、その後、日本で有名になりました。発見時の『スギライト』は黄褐色でした。紫色がポピュラーですが、ピンク、赤紫、スモーキーなパープルから黒っぽいものまで、色に幅があります。日本で発見されていますが、日本での産出は少なく、現在は南アフリカで産出されたものが多く流通しています。

石のチカラ

癒し

三大ヒーリングストーンといわれていますから、なんといっても癒しの効果は絶大です。心身を深く浄化し、負のエネルギーを取り除いてくれるといわれています。特に精神的に不安定なとき、絶望を感じるとき、疲弊したときは、寄り添いサポートしてくれるでしょう。精神を熟成させてくれるともいわれ、自分をしっかり見つめ直して、前に進みたいときも有効です。

健康

心の健康はもちろん、身体への作用もあるといわれています。「細胞が活性化する」といわれ、自然治癒力が高まる可能性も。身体の不調を感じるときに身につけるのもおすすめです。

パワーアップ

魂の成長をサポートしてくれるといわれている『スギライト』。直感力や洞察力も高めてくれる石として有名です。

チャロアイト
チャロ石（ちゃろせき）
硬度 4.5 〜 6

コンプレックスと向き合う力を授け
人生の転機をサポートしてくれる

石の特徴

『チャロアイト』は、チャロ川流域で発見されたことと、ロシア語の魅惑という意味である「charo」が由来となっている、という2つの説が

あります。紫色に白いマーブル状の模様が入ったものや、黒っぽい模様が入ったものなどがあり、表情が少しずつ異なる美しいパワーストーンです。鉱物学者であるベーラ・ロゴワ女史により研究され、1978年に鉱物として認定されました。「ラリマー」「スギライト」と並び、世界三大ヒーリングストーンのひとつでもあります。とはいえ、「ラリマー」や「スギライト」のように、包み込んでくれるような深い「癒し」とは違い、パワフルで前向きなエネルギーを感じさせる面を持っています。

石のチカラ

パワーアップ

世界三大ヒーリングストーンといわれている『チャロアイト』ですが、癒しの効果にプラスして、精神面を鍛えてくれるような、そんな強いパワーを備えている石だといえるでしょう。恐怖心や邪心を捨て去り、弱い心を克服し、コンプレックスと向き合う力を与えてくれます。根底にあるネガティブなエネルギーを浄化し、精神を安定させてくれる石として有名です。

変化

負の感情をリセットしてくれる効果があるといわれています。転機が訪れたとき、環境の変化に対応できるように、前に進む勇気を与えてくれるでしょう。迷いを断ち切り、決断する力を授けてくれる『チャロアイト』。就職や引っ越し、リストラや失恋など、人生の転機やピンチ、落ち込むようなことが起きたとき、ぜひ身につけてみてください。

パープル フローライト
蛍石（ほたるいし）

硬度 4

深い癒しに導き
目に見えない世界への理解も促す

石の特徴

　「ディープブルーフローライト」でも触れましたが、ラテン語で「流れる」という意味を持つ「fluere」が『フローライト』の由来となっています。たくさんのカラーバリエーションを持つ石ですが、パープルは比較的多く産出される色になります。グリーンとのバイカラーも人気があり、『フローライト』の中でも、手に入りやすいパワーストーンでしょう。『パープルフローライト』は、『フローライト』のほかの色より、神秘的で穏やかな波動を放っているといわれています。また、どの色の石でも癒し効果があるといわれていますが、『パープルフローライト』は、特に深い癒しに導いてくれる石として有名です。

石のチカラ

癒し

ヒーリング効果の高いパワーストーンで、瞑想やリラクゼーション時に使用するのがおすすめ。深い呼吸を促し、根本的な不安やストレスを解消し、穏やかな気持ちに誘導してくれます。余計な邪念を振り払ってくれ、魂を浄化してくれる作用があるでしょう。また、精神性を高めてくれる石としても有名です。心を寛大にし、理解する力をサポートしてくれるといわれています。

地に足をつけることだけが大切なのではなく、スピリチュアル
な感性も高めてくれ、目に見えない世界への理解も促してくれ
る石です。

健康 精神を安定させてくれるため、心と身体のバランスをとってくれ
る効果もありますが、不眠症で悩んでいるなど、ぐっすり眠れな
い人にも有効です。安眠効果を促してくれるといわれています。

ラベンダーヒスイ
翡翠（ひすい）
硬度 6.5 ～ 7

魂の成長を促し
心の平穏を保ってくれる

石の特徴

　『ラベンダーヒスイ』は、その名の通り、ラベンダーの色をした『ヒ
スイ』になり、そのやさしい色合いが人気を博しています。クロムや鉄
を含有したものがグリーンの『ヒスイ』で、このグリーンのイメージが
強いかもしれません。『ラベンダーヒスイ』は、チタンを含有したもの
になります。日本鉱物科学会の総会で国石に選定されている『ヒスイ』
ですが、実は日本でも、この『ラベンダーヒスイ』が産出されています。
また、古代より世界中でお守りとして扱われていますが、地域によって
はこのラベンダーの色をした『ヒスイ』が、より重宝されていたともい
われています。

石のチカラ

魔除け

権力者たちが愛用してきた歴史を持つため、石の力は絶大なものがあります。『ヒスイ』が「不老不死」の象徴であったり、「再生や復活」の象徴であったり、特別に崇められてきたことから、魔除けの効果があると信じられてきました。自分のオーラを高めたいとき、邪気を払いたいとき、ぜひ身につけてみましょう。特に『ラベンダーヒスイ』は、精神力を高めてくれる効果があるといわれています。魔を除け、魂を成長させたいときにおすすめです。

癒し

心を平穏な状態に保ってくれるといわれています。精神を安定させ、不安や迷いを払拭してくれるでしょう。

家庭運

ラベンダーのやさしい波動と気品で、凛とした態度にしてくれます。家を繁栄させ、円満に導いてくれる石です。

数秘術 11 に対応

- 💎 ラブラドライト
- 💎 ヘマタイト
- 💎 ペリステライト
- 💎 ギベオン

ラブラドライト

曹灰長石（そうかいちょうせき）

硬度 6 〜 6.5

意味のある偶然と
必要な縁を引き寄せてくれる

石の特徴

『ラブラドライト』は1770年、カナダのラブラドル半島で発見され、その地にちなんで名づけられました。グレーっぽく、地味なイメージがありますが、光の加減や見る角度によって、きれいなブルーやグリーン、イエローやピンクなど、さまざまな輝きを放つバリエーションを持っています。まるで蝶の羽のように幻想的に光るところが、この石の魅力といえるでしょう。この輝きは「ラブラドレッセンス（ラブラドルの光）」と呼ばれる、光の効果によるものです。また『ラブラドライト』は、陰陽の波動をどちらも持っているといわれており、穏やかでやさしい波動と、鋭く激しい波動がある石だといわれています。

石のチカラ

パワーアップ

「宇宙からのメッセージを宿した石」といわれる『ラブラドライト』は、直感力、第六感などを高めてくれるパワーストーンです。身につけると、スピリチュアルな波動を高めるといわれ、意味のある偶然の一致を引き寄せやすくなります。また、固定観念や思い込みを払拭し、自由な発想を引き出してくれると石としても有名です。新しい視点を授けてくれるため、現状を打破したいとき、新たなアイデアが必要なときにおすすめだといえるでしょう。

人間関係

自分にとってそのときに必要な縁をもたらしてくれる石が『ラブラドライト』です。新しい出会いがあるとき身につけていくと、良縁をたぐり寄せることができるといわれています。才能を引き出してくれる人と巡り合える可能性も。

ヘマタイト

赤鉄鉱（せきてっこう）

硬度 5 ～ 6.5

強力に邪気を跳ね返し勝利を導いてくれる

石の特徴

「邪を跳ね返すほどの光を生む」とされ、古代より魔除け効果の高い石とされてきた『ヘマタイト』。独特な光とメタリックな艶を持ち、とても神秘的なパワーストーンです。古代エジプトやギリシャやヨーロッ

パ帝国においては、その美しさから装飾品としても愛用されてきました。また、粉末にすると血のような赤い色が見られるため、血液によい作用があるともいわれています。古くはこの石に止血効果があると信じられ、また「勝利の石」とされていたことから、戦士の護符としても使われていたようです。一方で、女性の強い味方ともいわれ、月経不順などにも効果的だといわれてきました。

石のチカラ

魔除け

強力に邪気を跳ね返すといわれる『ヘマタイト』の魔除け効果は抜群です。気になるときに身につけるのはもちろんのこと、オーラを強くしてくれるともいわれています。部屋に置いたり、玄関に飾ったりするのもおすすめでしょう。また、病院に行くときやお墓参りをするときにも、イヤな「気」を寄せ付けない効果が。

健康

血液によい作用を及ぼすと考えられていたため、血行促進に効果的です。肩こりや冷えなどが改善されるかもしれません。また、生理痛など月経に関する悩みを、サポートしてくれる効果があるといわれています。

勝利

「勝利の石」といわれる『ヘマタイト』。どうしても勝ちたいとき、目標を達成したいときに、身につけるのがおすすめです。

ペリステライト
和名なし
硬度 6

神秘的なエネルギーを備えながらも
穏やかにやさしく包み込んでくれる

石の特徴

　『ペリステライト』は、白色〜半透明をしており、神秘的なシラーと呼ばれるブルーの輝きを発するパワーストーンです。この輝きは、ペリステリズムとも呼ばれ、『ペリステライト』の由来は、鳩が首を動かす際に見られる光沢と似ているために、ギリシャ語で鳩を意味する「peristera」からきているといわれています。「ブルームーンストーン」として、多く流通していますが、正式には「ブルームーンストーン」ではありません。「ブルームーンストーン」が採れた鉱山はすでに閉鎖しており、現在は産出されていないのですが、見た目が似ているために、こちらの呼び名でも親しまれています。

石のチカラ

癒し

　やわらかくてやさしい波動を放つ『ペリステライト』。高いヒーリング効果を持つ石です。また、月のエネルギーを受容するといわれ、生活のバイオリズムや生理的な周期を整え、穏やかに過ごせるようサポートしてくれるといわれています。

インスピ レーション	不思議な輝きを持つ『ペリステライト』は、直感や第六感を高めてくれる石です。感性を研ぎ澄ませたり、スピリチュアルな出来事を引き寄せたりする可能性も。
愛情	「恋人たちの石」「愛を伝える石」といわれており、深い愛情で相手を受け入れることができるようになり、思いやりの気持ちを育ててくれます。パートナーとの円満な関係を築き、穏やかに長続きするようサポートしてくれるパワーストーンだといえるでしょう。

ギベオン

ギベオン隕石（ぎべおんいんせき）

硬度9

潜在能力を引き出し
意識の改革を促してくれる

石の特徴

　約4億5千万年前に地球に落下したといわれる『ギベオン』は、1863年にアフリカ南部のナミビア共和国のギベオンというところで発見されました。それが名前の由来となっています。主に鉄とニッケルからできている隕石（メテオライト）です。ウィドマンシュテッテン構造といわれる、神秘的な模様が特徴で、このような模様は人工的に作り出すことができないといわれています。そのため、人智の及ばない領域の石、ということになるため、「聖なる石」として特別な力を持っているとされています。隕石は、「宇宙からのメッセージ」を秘めている

ともいわれ、スピリチュアルな側面を持っているパワーストーンだといえるでしょう。

石のチカラ

**パワー
アップ**

特別な力を持っている石とされる『ギベオン』は、身につけると潜在能力を引き出してくれるといわれています。インスピレーションを高めてくれ、まだ表に出てきていない才能を引き出すサポートもしてくれるでしょう。

仕事

「変革の石」ともいわれるため、行き詰まっているときに視野を広げ、意識を改革してくれる効果があります。考え方を変える手助けをしてくれ、必要な情報を与えてくれる可能性も。問題解決能力を高めてくれるともいわれています。また、地に足をつけて物事を考えられるようになり、自分の力で決断し、どのように進めればよいのか、現実的な方向を見極められるようになるでしょう。ステージアップしたいとき、経営者はもちろん、起業したいときにもおすすめの石です。

💎 ルチルクォーツ
💎 アンバー
💎 パイライト
💎 デザートローズ

ルチルクォーツ

針水晶（はりすいしょう）
金紅石入り水晶（きんこうせきいりすいしょう）

● 硬度 7 ●

財運の最強ストーンであり
運気全体も底上げしてくれる

石の特徴

　『ルチルクォーツ』は、水晶の中にルチルと呼ばれる針状の結晶が入り込んだ石で、とても人気の高いパワーストーンのひとつといえます。「金線」が入っていることから、「金銭」を連想させ、金運を呼び込む石として大変有名です。ルチルは形状によって呼び名が変わり、湾曲したルチルは愛の女神にちなみ「ヴィーナス・ヘアー」と呼ばれ、直線状のルチルは恋の神にちなんで「キューピッド・ダーツ」と呼ばれています。そのため、金運だけではなく、恋愛面もサポートしてくれる石として重宝されています。金の針が太いものを「タイタンルチル」といい、財運アップにより効果的だといわれている形状です。

石のチカラ

財運
とにかく財運といえば、この石の右に出るパワーストーンはないといえるほど人気があります。水晶の透明度が高く、きれいな太い金のルチルがびっしり入っていると、より金運アップに効果的です。

仕事
判断力、決断力を高めてくれ、ビジネスを成功に導くサポートをしてくれる石。そのため、身につけていると収入アップが期待できるでしょう。

パワーアップ
全体の運を底上げしてくれるといわれるほど、パワーの強い石です。エネルギーを活性化させてくれ、体力もアップしてくれる効果が。心身ともに弱っているとき、ぜひ身につけてみてください。

愛情
どうしても叶えたい恋をサポートしてくれるといわれています。意中の人を振り向かせたいときにもぜひ。

アンバー

琥珀（こはく）

硬度 2 ～ 2.5

心身ともに健康な状態に導き
豊かな富をもたらしてくれる

石の特徴

　『アンバー』は、3000万年以上前の松の木などの樹脂が長い時間をかけて固まってできたもので、鉱物ではなく樹液の化石です。とはいえ、パワーストーンとしてはもちろん、宝石としても大変人気があります。古代ギリシャ人は、「海に落ちた夕日が固まったもの」「太陽の石」として神秘性を高めていました。中世ヨーロッパでは、恐ろしい伝染病を避けるお守りとして扱っていたこともあるようです。「神聖な石」とされる『アンバー』は、価値も高く珍重されていました。地層が崩壊して海に流れ出て、それが海岸に流れ着いたものは「シー・アンバー」と呼ばれています。

石のチカラ

健康　不老長寿のお守りとされ、生命力を高めてくれるといわれる『アンバー』は、不調を改善する効果があるとされています。マイナスをプラスに変え、エネルギーの流れをよくし、溜まった老廃物を排出してくれる心強いパワーストーンです。

癒し

身につけると緊張感をほどいてくれるといわれています。リラックスできることで、全身の凝りや胃痛なども緩和してくれるでしょう。感情を落ち着かせ、心身ともに健康な状態に導いてくれます。

財運

長い時間をかけて固まることから、積み上げていくことの大切さを教えてくれるといわれています。努力することで成功につながり、それが結果として財運を高めていくことに。貯蓄力が高まり、豊かな富をもたらしてくれるでしょう。

パイライト
黄鉄鉱（おうてっこう）
度 6 〜 6.5

強力なバリアを張ってくれ
ハードワークも支えてくれる

石の特徴

　『パイライト』は、鉄で打つと火花が飛び散るため、ラテン語の「pyrites」（火打ち石）が語源の由来となっています。硫黄と鉄からなる硫化鉱物の一種で、見た目から金と間違えられてしまうことがあり「fool's gold」（愚者の黄金）と呼ばれることもあります。古くからある石ですが、『パイライト』と呼ばれたのは1868年で、アメリカの鉱物学者であるデーナが名づけました。ちなみに、「ラピスラズリ」にある金色の模様は、この『パイライト』になります。火山活動の活発な場

所で生成され、結晶が六面体や八面体、五角十二面体などさまざまあり、まるで人工石のようです。

魔除け

ネガティブな波動を跳ね返すといわれる『パイライト』。持ち主を守ってくれ、強力なバリアを張ってくれるといわれています。疲れているとき、免疫力が低下していると感じるときにおすすめです。

インスピレーション

古代より呪術などに用いたともいわれているため、見えない世界とコンタクトを取るツールだといわれている側面も。よりよい選択をするための判断力や直感力を磨いてくれるでしょう。

仕事

宇宙とつながる力だけではなく、地に足をつけることを促す石としても有名です。特にハードワークが続いているときに、もう一踏ん張りできるようサポートしてくれるでしょう。描いている目標に向かって邁進する力も与えてくれます。努力したことにちゃんと報酬をくれる石でもあり、金運アップも期待できるパワーストーンです。

悪習や悪縁を絶ち切り
運命の出会いを促してくれる

石の特徴

　『デザートローズ』は、和名にもあるように、「砂漠」から発見される「薔薇」のような形をしたパワーストーンで、まさに見た目もその名の通り、「砂漠の薔薇」です。砂漠の地底から染み出した水が、周囲のミネラル分を溶かしながら形成したといわれています。『デザートローズ』には、大きく分けて種類が2つあります。ひとつは赤褐色をしていて、ジプサム（セレナイト）を主成分としており、「セレナイト・ローズ」と呼ばれています。もうひとつは、黄褐色をしていて、重晶石を主成分としており、「バライト・ローズ」や「カルセドニー・ローズ」と呼ばれています。

石のチカラ

パワー
アップ

　「願いを叶える石」ともいわれる『デザートローズ』。持ち主の魅力を開花させてくれるといわれています。また、改善したい悪習を断たせてくれる効果も。

なんとかしたい腐れ縁を断ち切る効果があるといわれており、悪縁を断つのに効果的です。それだけではなく、『デザートローズ』には良縁を引き寄せる効果もあるといわれています。人間関係のストレスを解消してくれる心強いパワーストーンだといえるでしょう。また、必要な縁をたぐり寄せるともいわれているため、キーパーソンとの出会いをサポートしてくれる可能性もあります。夢を実現させたいとき、ぜひ身につけてみましょう。また、運命の出会いを求めているときにも有効です。

人間 関係

数秘術 **33** に対応

- 🔷 レインボークォーツ
- 🔷 オパール
- 🔷 ファイヤーアゲート
- 🔷 アンモライト

レインボークォーツ

虹水晶（にじすいしょう）

硬度 7

短所を長所に変えてくれ
希望を見出し、
運気を底上げしてくれる

石の特徴

『レインボークォーツ』は、水晶の中にあるクラック（亀裂）が、光をあてることによって美しく輝き、虹の模様が現れるパワーストーンです。レインボーの輝きは「イリデッセンス効果」と呼ばれています。古来より虹は、陽のエネルギーがあるといわれ、神聖な扱いをされてきました。ギリシャ神話では、虹に女神が宿っているといわれており、その女神の名前が「アイリス」といわれるため、「アイリスクォーツ」と呼ばれることもあります。本来、石の傷や亀裂は価値を下げるものとなりますが、レインボーが見えるものは逆に価値を高め、特別なパワーを宿していると考えられています。

パワーアップ
欠点とされるヒビが、価値を高める『レインボークォーツ』は、短所を長所に変える力があるといわれています。どんな場面においても、希望を見出してくれる石です。コンプレックスを抱えている人や、どうしてもネガティブな感情を払拭できないときは、ぜひ身につけてみましょう。マイナスのエネルギーをポジティブな波動に変えてくれ、運気を底上げしてくれるはずです。

仕事
希望の光を投げかけてくれるといわれ、自分に合う仕事や、天職に巡り合わせてくれるといわれています。また、失敗しても、それをカバーできるだけのパワーを授けてくれるでしょう。

愛情
運命の人との出会いをサポートしてくれる石です。身につけていると、ありのままの自分を受け入れてくれる人が現れる可能性も。

オパール
蛋白石（たんぱくせき）

硬度 5.5 ～ 6.5

日々を彩り、日常を輝かせ
内面の美しさを引き出してくれる

石の特徴

『オパール』は、サンスクリット語の「宝石」を意味する「ウパラ」が語源とされています。オパールの原石が、まるで宝石のように輝い

ていたことから、名づけられたようです。和名の「蛋白石」は、ホワイトオパールが、タマゴの白身に似ていたため、そう呼ばれるようになったといわれています。豊富なカラーバリエーションを持ち、ブルーやグリーン、レッドやピンク、パープルなど、まるで虹を思わせるようなパワーストーンです。これは遊色効果と呼ばれており、虹のような遊色効果を持つものを「プレシャスオパール」と呼び、遊色効果のないものは「コモンオパール」と呼ばれています。

石のチカラ

パワーアップ
「希望の石」ともいわれる『オパール』は、創造性を高めてくれ、魅力や才能を引き出す効果があるといわれています。目標達成のため、前に進むエネルギーをサポートしてくれたり、インスピレーションを高めてくれたりする石です。たとえ困難なことがあっても、それを乗り越えるだけのパワーを与えてくれます。

癒し
心をリラックスさせ、なにげない日々に彩りを添えてくれ、日常を輝かせてくれるパワーストーンです。マイナスな状況を好転させ、心を穏やかにしてくれる効果もあるでしょう。

愛情
内面の美しさを引き出してくれる『オパール』。運命の出会いを引き寄せてくれると信じられています。「キューピッドストーン」とも呼ばれており、ご縁を呼び込む石です。

ファイヤーアゲート
炎瑪瑙（ほのおめのう）
硬度7

めらめらと情熱をたぎらせ
ネガティブな感情を
焼き払ってくれる

石の特徴

『ファイヤーアゲート』は、「アゲート」（瑪瑙）の一種であり、まるで炎が揺らめくように見えることから名づけらたといわれています。「リモナイト」（褐鉄鉱）がインクルージョンされることにより、イリデッセンス効果を持ったものが『ファイヤーアゲート』です。主にオレンジ系やブラウン系の石ですが、光の干渉によって虹色に輝く特徴があります。現在では、人工的にイリデッセンス効果を持たせたものが多く出回っています。天然のものはとても貴重で、強いエネルギーを持っているといわれるため、人気のあるパワーストーンです。スピリチュアルな側面も高いのですが、グランディングのパワーも強いのが特徴です。

石のチカラ

パワーアップ

炎のように、めらめらと情熱をたぎらせ、やる気をアップされてくれる『ファイヤーアゲート』。勇気がでないとき、前に進むパワーをサポートしてくれます。大きな決断をするときや、自信を高めたいとき、活力を与えてくれるでしょう。とはいえ、その情熱が空回りしないよう、地に足をつけるよう促してくれる石でもあります。現実的に前進しながらも、

上を目指すパワーを与えてくれる心強いパワーストーンです。また、不必要な縁を切ってくれる効果もあるため、人間関係で悩んでいるときにおすすめの石となります。

魔除け　邪気やネガティブな感情を焼き払ってくれる効果があるといわれています。精神力を高めてくれるともいわれているため、身につけていると魔を寄せ付けなくなるでしょう。

アンモライト
菊石（きくいし）

硬度4〜5

眠っている潜在能力を引き出し
幸運を引き寄せてくれる

石の特徴

『アンモライト』は、「アンモナイト」と混合されやすいのですが、この化石のうち、遊色効果を持った結晶質に置き換わったものをいいます。「アンモナイト」が化石化する過程において、「アラゴナイト」が変質し、虹色（イリデッセンス効果）を発するようになりました。1981年に世界宝石連盟に認定された石です。『アンモライト』としての価値がある良質なものは、実はとても貴重で、7000万年の地層から採れるカナダのアルバータ州のもののみとなります。バッファローの皮に包み、お守りとしてインディアンが持ったことから、「バッファローストーン」ともいわれており、「幸運の石」として特別な力が宿っているといわれています。

パワー
アップ

神秘的な光を放つこの石は、眠っている潜在能力を呼び覚ましてくれる効果があるといわれています。自分の中にあるさまざまな側面や魅力を引き出し、身につけていると、目指す方向にステージアップさせてくれるでしょう。また、なにか新しいことを始めたいけれど、チャレンジすることが怖いとき、背中を押してくれるパワーストーンでもあります。希望を見出すことができ、思い切って前に進むことができるようになるはずです。

幸運

「幸運の石」といわれる『アンモライト』。ネガティブな感情を払拭し、プラスのエネルギーを引き寄せてくれる効果が。どうしてもうまくいかないときに身につけると、事態を好転させてくれる効果があるでしょう。

透明な石と黒い石

💎 クォーツ
💎 オニキス

　『クォーツ』と『オニキス』は、特定の数に対応する石ではありませんが、透明な石と黒い石の代表ともいえるパワーストーンです。特に透明なクォーツは、パワーストーンを代表するといっても過言ではなく、決して外すことができない石でしょう。また石はもともと、護符として魔除け的な役割を果たしてきた側面があります。ほとんどの石にそういったパワーがあるといってもよいくらいですが、中でもその効果が最も強いといえるのが黒い石です。そのため、数に対応するパワーストーンではありませんが、この2つの石についても紹介したいと思います。

クォーツ

石英（せきえい）水晶（すいしょう）

硬度 7

パワーストーン界の代表
抜群の浄化作用と調整力を持つ

石の特徴

『クォーツ』は最も代表的な天然石のひとつで、二酸化ケイ素で形成される鉱物です。以前は透明度のないものを「石英」、透明なものを「水晶」と呼んで区別していました。現在は『クォーツ』のなかでも結晶形態がはっきりしているものを「水晶」と呼び、その「水晶」を『ロッククリスタル』と呼んでいます。一定の電圧をかけると安定した振動を発するため、今では精密機器などにも使用され、現代産業にも欠かせない鉱物です。近年まで「水晶」は、日本の国石でもありました。もちろん古来より霊石として崇められた歴史があり、守護石として大切にされてきた、パワーストーンの中でもメインといえるメジャーな石となります。

石のチカラ

万能

水晶は鉱物の世界でオールラウンダーともいわれ、そのパワーは多岐にわたります。特に浄化作用と調整力は抜群です。不調を修正し、正常な状態に戻してくれるパワーがあるといわれています。どんな石とも相性がよく、すべての面においてサポートしてくれる万能なパワーストーンだといえるでしょう。

> **魔除け**
> 世界中で呪術や儀式に使われてきた歴史があり、厄払い、邪気払いに最適な石です。細胞を活性化させ、オーラをクリーンにしてくれるともいわれています。

> **パワーアップ**
> 特に透明度の高い水晶は、ひらめき力を授けてくれる石として有名です。感性を研ぎ澄ませ、直感力を高めてくれるでしょう。潜在能力を開花させてくれるともいわれています。

オニキス
黒瑪瑙（くろめのう）
硬度 7

余計な邪念を振り払い
魔を除け、
不必要な縁も切ってくれる

石の特徴

『オニキス』は黒色の瑪瑙のことをいいます。縞の模様が、爪のように見えることから、縞や爪を意味するギリシャ語から名づけられました。以前は縞模様のある瑪瑙のこと一般的に「オニキス」と呼んでいたようです。しかし現在流通している『オニキス』は、やはり黒色のものといえるでしょう。世界各地で産出され、さまざまな逸話を持っているパワーストーンですが、その多くは魔除けの効果をうたうものになり、邪気払いの守護石として有名です。黒い瑪瑙は、その石の色から、ネガティブな気を吸い取ってくれ、その暗闇のような黒色の中に、魔を閉じ込めると信じられていました。魔除けを代表する石になります。

魔除け

古来より魔除け効果の高いパワーストーンとして有名な『オニキス』。身につけると、悪を退けてくれる、邪気払いとして代表的な石となります。

パワーアップ

余計な邪念を振り払ってくれ、迷いや不安を取り除いてくれるといわれています。どのような状況においても、物事を最後までやり遂げる力をサポートし、強い意志を授けてくれるでしょう。冷静になれないとき、誘惑に負けそうなとき、周りに振り回されそうなときに身につけるのがおすすめです。

人間関係

「縁切りの石」としても有名な『オニキス』は、苦手な人から遠ざかりたいとき、不必要な縁を切りたいとき、攻撃されそうなときに持つと効果があるといわれています。また、恋人と別れたいときにも有効です。

パワーストーンをつける場所について

　ブレスレットを購入した、など手に入れた時点ですでに用途が決まっている場合はよいですが、パワーストーンをどのように身につけるのが自分にとって最も効果的なのか……と悩んでいる人は、意外と多いかもしれません。例えばリングについて、指は5本ありますし、さらには右手と左手とありますから、どちらのどこにつけるのがよいか、気になる人もいるでしょう。ここでは、パワーストーンをつける場所について、それぞれどんな意味や効果があるのか、まとめました。

ペンダント・ネックレス
Pendant Necklace

　最も古いアクセサリーが、ペンダント・ネックレスだといわれており、最初は、狩りのときの数を誇るためにつけられたといわれています。狩りは生きるための大事な手段ですから、その成功を願って身につけたともいわれています。また、古代より護符としての役割もあり、身につけることで魔を除ける効果があると信じられてきました。埋葬品からも発見されており、地位や身分を象徴する意味もあったようです。

　ペンダント・ネックレスは祈りを込めることで、持ち主を守る効果が高まるといわれています。鎖骨と鎖骨の間にくるようにセットすると、幸運が舞い込みやすいといわれています。また、喉に近い場所であればコミュニケーション力が高まり、胸に近いロングペンダントであれば、素直に気持ちを伝えられるともいわれています。

リング（5本の指について）
Ring

　麻など植物の紐を指に巻きつけ、魔除けなどに使用したことが起源といわれる説があり、古くから護符としての役割が指輪にはありました。遺跡の中からも出土しており、魔除けや護符のほかにも、指輪は地位や身分の証明などとして使用されていたようです。また、今でこそ婚約すると指輪を贈り合いますが、その習慣が始まったのは、古代ローマ時代といわれています。

効果について

右手と左手

右手： 権力と権威の象徴といわれており、左脳とつながり、現実的なこと、理論的なことに関係しているといわれています。

左手： 創造力や精神性の象徴といわれており、右脳とつながり、インスピレーションや潜在的な力に関係しているといわれています。

親指（サムリング）

右手： リーダーシップを発揮したいとき、自分の地位や価値を高め

たいときに効果的です。

左手：自分の信念を貫き通したいとき、望みを叶えたいときにおすすめです。

人差し指（インデックスリング）

右手：集中力を高めたいとき、決断したいときに効果的です。

左手：前向きに行動したいとき、自分の意志を周りにしっかりと伝えたいときにおすすめです。

中指（ミドルリング）

右手：物事の分別を見極めたいとき、邪気やトラブルを回避したいときに効果的です。

左手：ひらめきが欲しいとき、直感力を高めたいときにおすすめです。

薬指（アニバーサリーリング・マリッジリング・エンゲージリング）

右手：友情や絆を深めたいとき、親密になりたいときに効果的です。

左手：愛情を深めたいとき、愛を守りたいときにおすすめです。

小指（ピンキーリング）

右手：自分の魅力を高めたいとき、社交性をアップしたいときに効果的です。

左手：チャンスをつかみたいとき、素敵な縁を引き寄せたいときにおすすめです。

ピアス・イヤリング
Earrings

歴史について

　ピアスをつける歴史は古くからあり、古代エジプトでは壁画にもピアスが描かれています。ピアスも他のアクセサリーと同様に、魔除け効果があると信じられており、邪悪なものから身を守るものとして使用されてきました。古代では、身体に空いた穴から、悪魔が侵入すると恐れられており、それを守るためにピアスをつけたと考えられています。また、悪魔は光るものに弱いと思われており、ピアスをつけることでその侵入を防ぐ効果があると信じられていたようです。

効果について

　ピアス・イヤリングは、身につけると直感力・判断力が高まるといわれています。基本的に左右ペアで1セットになることから、愛情運を高めてくれるという説も。特に揺れるタイプのものを身につけると、良縁を呼び込み、幸運をキャッチしやすいといわれています。また、耳は財運につながるともいわれており、金運を高める効果もあるようです。

Bracelet
ブレスレット

　ブレスレットも遺跡から出土しており、他のアクセサリーと同じくとても古い歴史を持つといわれています。宗教的な儀式や呪術などに用いられ、お守りとして身につけられていました。手についた穢れを祓ってくれるという意味でも、ブレスレットは珍重されていたようです。

右手と左手

右手：エネルギーを放出するのが右手と考えられており、自分の力や石のパワーを存分に発揮したいときに身につけるのがおすすめです。

左手：エネルギーを吸収するのが左手と考えられており、潜在能力を高めたいとき、石のパワーを取り入れたいときに身につけるのがおすすめです。

ブローチ
Brooch

歴史について

　ブローチは、魔除けなどに使われていたというよりは、実用的な要素が強かったといわれています。戦場に赴く兵土たちが心臓を保護するためにつけていたともいわれているようです。そのとき、左胸につけていたため、左胸につけるのが一般的になったとされています。昔は、身につけるものによって、社会的な階級がわかったようです。

効果について

　心臓に近い場所につけることから、感情面にアプローチする効果があるといわれています。特に、気持ちを落ち着けたいとき、精神的な安定を求めるとき、自分に自信をつけたいときにおすすめです。

つける場所のベストな組み合わせについて

　パワーストーンをつける場所について、いろいろな効果があることがわかったと思います。では、どのようにつけるのが、一番効果的なのでしょうか。

　すべてが気になるからといって、すべての指にリングをつけたり、ブレスレットをジャラジャラと何本も重ねたり……というのは、あまり美しいものではありません。それは見た目だけの問題ではなく、「運」そのものにも関係してきます。なぜかというと、「こうなりたい」という自分の希望が散乱してしまうからです。散乱してしまうと、軸やピントがズレてしまい、一番叶えたい希望そのものが遠のいてしまうでしょう。そうすると、パワーストーンを身につけていても「全然願いが叶わなかった」と落胆することになりかねません。

　では、願いをピンポイントに絞って、一箇所だけにつけたほうがよいでしょうか。それもひとつの方法だといえます。たとえば、「ひらめきが欲しい」とか「直感力を高めたい」と思っているなら、そうした効果をもたらすといわれる、左手の中指だけにリングをつける、といった具合です。そこだけにパワーストーンをつけると、意識がそこに集中するため、「ひらめきが欲しい」とか「直感力を高めたい」という思いがしっかり反芻され、な

りたい自分を自然と意識できるようになります。そうすると、行動において変化が現れるようになり、さまざまな事象に敏感になっていくはずです。ひとつに絞った場合は、この希望に添ったパワーストーンを選ぶ、ということもポイントだといえるでしょう。

　とはいえ、願いがひとつとは限らない、という方も多いはず。もちろんいろいろな場所を組み合わせて、パワーストーンを身につけるのもよいでしょう。大事なのは欲張らないこと。「パワーストーンを身につけている」というイメージを超えて、「パワーストーンに負けている」という印象になると、センスがダウンするだけではなく、運からも見放されてしまいます。「今日は社交性をアップして、素直に気持ちを伝えたいからロングペンダントと右手の小指にリングをつけよう」など、上手に組み合わせることが選択のポイントです。もちろん全体的なファッションとバランスを考慮できれば、運はもっと味方してくれるでしょう。大切なのは、「どうなりたいか」という自分の意志をはっきりさせ、それをつける場所に反映させることです。また、身につけていて自分の気持ちが高まるつけ方をすることも大切。お気に入りのものを目にするたびに心が高鳴ると、よりプラスの波動を引き寄せることができるでしょう。

第4章

10大パワーストーンについて ～数との対応～

10大パワーストーン

　さまざまなパワーストーンの中でも、とりわけ有名で絶対に外せない石を「10大パワーストーン」としてあげてみました。もちろんこれは、石の業界内で統一されているものではありませんし、世界基準などもありません。ですが、石が好きな人はもちろん、石をあまり知らない人でも、多くの人が「聞いたことがある」というような、いわゆる「宝石」としても認知度の高い石を選びました。これらの石は、現代でもその価値は高いですが、古代においてもその価値は不動であり、それぞれに興味深いストーリーを持っています。

　これらの石の多くは、やはりお守りや魔除けの役割を持っていて、また、王族や貴族、聖職者など、身分のある人たちだけが身につけられる特別なものでした。

　それぞれの石に対応する「数」にも触れていきますし、ストーリーから「石が持つチカラ」についても触れていきたいと思います。

1 ダイヤモンド
Diamond

6 コーラル
Coral

2 ルビー
Ruby

7 トパーズ
Topaz

3 サファイア
Sapphire

8 トルマリン
Tourmaline

4 エメラルド
Emerald

9 アクアマリン
Aquamarine

5 パール
Pearl

10 アメシスト
Amethyst

永遠の輝きとパワーを持つ
最強で無敵な石の王様

Diamond　　　　　　　　　　　　**石のストーリー**

　ダイヤモンドの原石は、実はそれほど美しくありません。磨かないとその魅力がうまく伝わってこない石です。とはいえ、磨くとまばゆいばかりの光りを放ち、その輝きで人々を魅了します。でもそれは、技術が発展したからこそ。それまでその輝きは封印されたままでした。

　それでもこの石が、バビロニア時代から重宝されてきたのはなぜでしょうか？　それはダイヤモンドが、あらゆる鉱物の中で「一番硬い石」だからです。その強くて硬い石に、古代の人は「魔力が宿っている」と考えました。この石を持つと「無敵になれる」と信じていたのです。

　そして、この硬くて永遠に壊れない石が、永遠の愛の証明として婚約指輪につながっていきます。15世紀のオーストリアのマクシミリアン1世が、「愛と忠誠の証」としてダイヤモンドの指輪を送ったのが始まりだといわれ、それが今でも受け継がれています。

　ダイヤモンドは炭素単体でできた鉱物で、10億〜33億年という長い年月をかけて結晶化されたものです。その語源はギリシャ語で「征

服できないもの」を意味する「adamas」になります。

Diamond

　純粋なダイヤモンドの結晶は無色透明です。カットの技術が高いほど、光によって素晴らしいレインボーが現れるため、数でいうと「33」が対応しています。

　とはいえ、カラーバリエーションが豊富で、その色によって、他の数にも対応するといえるでしょう。例えば、ピンクダイヤモンドは「6」に、イエローダイヤモンドは「3」に対応します。

Diamond

　「征服できないもの」という語源を持ち、絶大なパワーを放つダイヤモンドは、邪気を払い、あらゆる力を増進させる強烈な作用があるといわれています。何ものにも負けないという不屈の精神を育ててくれる石です。人生の勝負をかけるとき、実力を出し切りたいと思うとき、自分の魅力を高めたいときに身につけると、サポートしてくれるでしょう。また、リセットして一からやり直したいときにもおすすめです。

　もちろん、婚約指輪として有名ですから、永遠の愛を誓うときにも有効だといえます。幸せになりたいとき、絆を強固なものにしたいとき、この幸運の石が愛のパワーを授けてくれるはず。

　ダイヤモンドは、石の中の王者といわれるほどですから、どの「数」の人が身につけても、エネルギーが強まるといっても過言ではありません。それほど強力で特別なパワーストーンになります。

「ダイヤモンド＋ライフ・パス・ナンバーと 数に対応するパワーストーン」の相乗効果

ライフ・パス・ナンバー「1」と「1」のパワーストーン

ダイヤモンドとライフ・パス・ナンバー「1」の人、あるいはダイヤモンドを「レッド」のグループである「1」の石と組み合わせることで、さらなる情熱を呼び込み、前向きなエネルギーを強めてくれる効果があります。また、愛情運を高め、自分をもっと魅力的にさせてくれるでしょう。よりいっそう自分に自信を持てるようになるはずです。

ライフ・パス・ナンバー「2」と「2」のパワーストーン

ダイヤモンドとライフ・パス・ナンバー「2」の人、あるいはダイヤモンドを「ホワイト」のグループである「2」の石と組み合わせることで、人間関係をさらにスムーズにし、良縁を呼び込む効果が高まります。また、マイナスに傾く気持ちを立て直し、自分の意志で立てるよう、感情面を強くしてくれるでしょう。

ライフ・パス・ナンバー「3」と「3」のパワーストーン

ダイヤモンドとライフ・パス・ナンバー「3」の人、あるいはダイヤモンドを「イエロー」のグループである「3」の石と組み合わせることで、よりいっそう富と繁栄が期待できます。未来に明るい光が射し、前向きな気持ちにさせてくれるでしょう。

物事をプラスに考えることができるようになると、自然に笑顔も増えるはず。

ライフ・パス・ナンバー「4」と「4」のパワーストーン

ダイヤモンドとライフ・パス・ナンバー「4」の人、あるいはダイヤモンドを「グリーン」のグループである「4」の石と組み合わせることで、安定感が高まります。不要なストレスを緩和してくれ、心と身体のバランスがさらによくなるでしょう。魔除けの効果も高まり、邪悪なものを寄せ付けなくなるはずです。

ライフ・パス・ナンバー「5」と「5」のパワーストーン

ダイヤモンドとライフ・パス・ナンバー「5」の人、あるいはダイヤモンドを「ブルー」のグループである「5」の石と組み合わせることで、嬉しい変化を起こし、もっと自由に、自分がやりたいように羽ばたくことをサポートしてくれるはず。また、コミュニケーションをスムーズにし、人間関係をより強固なものにしてくれるでしょう。

ライフ・パス・ナンバー「6」と「6」のパワーストーン

ダイヤモンドとライフ・パス・ナンバー「6」の人、あるいはダイヤモンドを「ピンク」のグループである「6」の石と組み合わせることで、愛情運をより高めてくれる効果があります。傷ついた心を修復し、やさしさと強さを授けてくれるはず。美に対する意識も高まり、内側からよりいっそう輝けるようになるでしょう。

ライフ・パス・ナンバー「7」と「7」のパワーストーン

ダイヤモンドとライフ・パス・ナンバー「7」の人、あるいはダイヤモンドを「ネイビー」のグループである「7」の石と組み合わせることで、魂の成長を促す効果があります。これまで気がつかなかった才能を引き出してくれる可能性もあるでしょう。知性にもよりいっそう磨きがかかるため、直感力が高まる効果も。

ライフ・パス・ナンバー「8」と「8」のパワーストーン

ダイヤモンドとライフ・パス・ナンバー「8」の人、あるいはダイヤモンドを「オレンジ・ブラウン」のグループである「8」の石と組み合わせることで、より強い意志が作られます。どんなことにも粘り強く取り組み、必ず勝利を手に入れるという気持ちが固まるでしょう。現実を見据え、成長したいとき組み合わせると最強です。

ライフ・パス・ナンバー「9」と「9」のパワーストーン

ダイヤモンドとライフ・パス・ナンバー「9」の人、あるいはダイヤモンドを「パープル」のグループである「9」の石と組み合わせることで、強い癒しの効果を得られるはず。負のエネルギーを感じているときほど、それをしっかり払いのけてくれます。状況をガラッと変えてくれる効果も期待できるでしょう。

11 ライフ・パス・ナンバー「11」と「11」のパワーストーン

ダイヤモンドとライフ・パス・ナンバー「11」の人、あるいはダイヤモンドを「シルバー」のグループである「11」の石と組み合わせることで、インスピレーションを高めてくれる効果が、よりいっそう強まります。一つひとつの出来事を納得することができ、ピンとくる出会いを引き寄せる力も強まるでしょう。才能も磨かれるはず。

22 ライフ・パス・ナンバー「22」と「22」のパワーストーン

ダイヤモンドとライフ・パス・ナンバー「22」の人、あるいはダイヤモンドを「ゴールド」のグループである「22」の石と組み合わせることで、運気全体が底上げされます。成功を引き寄せるためのキーパーソンと出会う可能性も。「やる」と決めたことを、徹底的にやり遂げるパワーも備わり、まさに無敵の状態になれるはず。

33 ライフ・パス・ナンバー「33」と「33」のパワーストーン

ダイヤモンドとライフ・パス・ナンバー「33」の人、あるいはダイヤモンドを「レインボー」のグループである「33」の石は、もともとダイヤモンドに対応する数であるため、相性は抜群です。潜在能力を呼び覚まし、強力なパワーを授けてくれます。無条件に幸運を引き寄せたいときは、この組み合わせが素晴らしい効果を発揮してくれるでしょう。

Ruby
ルビー
紅玉（こうぎょく）
硬度9

情熱と勇気を授けてくれる
女王の風格を持つ誇り高い石

Ruby　　　　　　　　　　　　　**石のストーリー**

　「宝石の女王」と呼ばれるほど華やかに輝くルビーは、コランダムという鉱物で、真っ赤なものだけに与えられた名前です。ラテン語の「ruber」が語源で「赤い色の石」という意味があります。

　この赤い石を古代の人は、石の中に閉じ込められた星が燃えていると考えていました。また、ルビーはその色から、情熱を象徴し、生命力や勇気を与える石と信じられており、ローマ神話では軍人マルスの石として、ギリシャ神話ではアレスの石として、戦いの神様が割り当てられていました。

　ルビーは、本当にきれいな石として崇められていて、古くは最も価値のある石であり、ダイヤモンドの8倍の価格だったこともあるといわれています。中世ヨーロッパの王族たちもこぞって身につけていたのがルビーです。ルビーは不吉な出来事があると黒ずむともいわれていました。そのため、危険を察知するためにも身につけていたようです。

　またヨーロッパでは昔から、左より右の方が優位とされていたため、

ルビーは右側につけると効力を発揮すると信じられていました。こうした理由から、指輪などは右手にはめられていたのです。

Ruby 対応する数

　コランダムという鉱物の中で、真っ赤なものだけをルビーと呼びます。そのためレッドに対応する「1」が、ルビーの数となります。

Ruby 石のチカラ

　「勝利を呼ぶ石」ともいわれ、持ち主のエネルギーを高め、やる気や情熱を引き出してくれる力があるといわれています。気持ちをポジティブに切り替えたいときに、身につけるのも有効です。戦いの神様が割り当てられていることから、現代でも戦うときに身につけると、効果を発揮してくれるはず。例えば、仕事での戦いや、スポーツでの戦い、ライバルに負けたくないときに身につけるのがおすすめです。

　またルビーは、根源的な生命力を高める作用があると考えられており、体温を上げてくれるなど、健康面もサポートしてくれるでしょう。

　愛情面においても、高い効果を発揮してくれるのがルビーです。セクシャリティを引き出してくれ、持ち主を魅力的に見せてくれます。また、告白したいときやプロポーズを決めたいなど、勇気が欲しいときにも役立つでしょう。

「ルビー＋ライフ・パス・ナンバーと
数に対応するパワーストーン」の相乗効果

1

ライフ・パス・ナンバー「1」と「1」のパワーストーン

ルビーとライフ・パス・ナンバー「1」の人、あるいはルビーを同じ「レッド」のグループである「1」の石と組み合わせることで、心を奮い立たせてくれ、より強いパワーが引き出されます。「絶対に勝ちたい」ときに、心強い組み合わせです。また、愛情面もパワーアップします。性的な魅力を高めてくれ、自分に自信が持てるようになるはず。

2

ライフ・パス・ナンバー「2」と「2」のパワーストーン

ルビーとライフ・パス・ナンバー「2」の人、あるいはルビーを「ホワイト」のグループである「2」の石と組み合わせることで、情熱的でありながらも、それが独りよがりにならず、相手に寄り添う大切さを身につけられるようになるでしょう。また、良縁を呼び込むチャンスを引き寄せる効果も期待できます。

3

ライフ・パス・ナンバー「3」と「3」のパワーストーン

ルビーとライフ・パス・ナンバー「3」の人、あるいはルビーを「イエロー」のグループである「3」の石と組み合わせることで、よりポジティブに物事を考えられるようになり、明るい未来を引き寄せやすくなるでしょう。それとともに、成功に近づくスピードが高まります。成功に近づくと、より大きな財を築

けるようにもなるはずです。

ライフ・パス・ナンバー「4」と「4」のパワーストーン
ルビーとライフ・パス・ナンバー「4」の人、あるいはルビーを「グリーン」のグループである「4」の石と組み合わせることで、情熱的に行動できるとともに、冷静さを身につけることも可能となり、心身ともにバランスが取れるようになるでしょう。ストレスを心地よい緊張に変えることができ、安定して前に進めるようになります。

ライフ・パス・ナンバー「5」と「5」のパワーストーン
ルビーとライフ・パス・ナンバー「5」の人、あるいはルビーを「ブルー」のグループである「5」の石と組み合わせることで、よりいっそうパワフルに、自由に行動できるようになるはず。もっと勇気が欲しいとき、余計なことを考えず変化に対応して前向きになりたいとき、ぜひ身につけて欲しいコンビネーションです。

ライフ・パス・ナンバー「6」と「6」のパワーストーン
ルビーとライフ・パス・ナンバー「6」の人、あるいはルビーを「ピンク」のグループである「6」の石と組み合わせることで、愛に対して、より積極的になれるでしょう。自分がリードしたいとき、告白やプロポーズをするときは、最強の組み合わせです。相手を守るやさしさにプラスして、相手を引っ張っていく力強さも加わります。

ライフ・パス・ナンバー「7」と「7」のパワーストーン
ルビーとライフ・パス・ナンバー「7」の人、あるいはルビーを「ネイビー」のグループである「7」の石と組み合わせることで、自分が本気でやりたいと思うことを引き出してくれる効果があるでしょう。考えるだけではなく、ちゃんと行動に移す勇気が出てくるはず。自分のことをしっかりと認められるようになりたい人はぜひ。

ライフ・パス・ナンバー「8」と「8」のパワーストーン
ルビーとライフ・パス・ナンバー「8」の人、あるいはルビーを「オレンジ・ブラウン」のグループである「8」の石と組み合わせることで、より強い積極性がプラスされるでしょう。物事に取り組むスピードもアップしますし、やる気もグッと増すはず。「絶対に成功する」という強い意志が欲しいときもおすすめです。

ライフ・パス・ナンバー「9」と「9」のパワーストーン
ルビーとライフ・パス・ナンバー「9」の人、あるいはルビーを「パープル」のグループである「9」の石と組み合わせることで、関わることや人に対する理解力が高まり、共鳴することで強く相手を惹きつけることができるようになるでしょう。また、傷ついている心を回復する効果が強まり、物事をポジティブにとらえられるようになるはずです。

11 ライフ・パス・ナンバー「11」と「11」のパワーストーン

ルビーとライフ・パス・ナンバー「11」の人、あるいはルビーを「シルバー」のグループである「11」の石と組み合わせることで、行動力がグッと高まり、理想を現実にするスピードが速まります。インスピレーションもよりいっそう磨かれ、向かう目標や夢に、迷わず邁進できるようになるでしょう。

22 ライフ・パス・ナンバー「22」と「22」のパワーストーン

ルビーとライフ・パス・ナンバー「22」の人、あるいはルビーを「ゴールド」のグループである「22」の石と組み合わせることで、生命力がさらに高まります。活力にあふれるため、「なにをやってもうまくいく」という気持ちにさせてくれるはず。メンタル強化にも、行動力アップにも効果的なコンビネーションです。

33 ライフ・パス・ナンバー「33」と「33」のパワーストーン

ルビーとライフ・パス・ナンバー「33」の人、あるいはルビーを「レインボー」のグループである「33」の石と組み合わせることで、ピンチをチャンスに、チャンスはもっと大きなチャンスに変えることができるようになるでしょう。「自分なら絶対にできる」と、逆境を超えられる力を授けてくれるコンビネーションです。

Sapphire
サファイア
青玉（せいぎょく）
硬度 9

神の英知を受け継ぐ神聖さを持ち
誠実な愛と結婚へ導いてくれる石

Sapphire　　　　　　　　　　　　**石のストーリー**

　ルビー以外のコランダムがサファイアになります。「青色」を意味するラテン語の「sapphirus」、ギリシャ語の「sappheiros」に由来し、蒼玉（そうぎょく）とも呼ばれています。時の権力者に好まれ、サファイアを身につけることは、権威の象徴でもありました。サファイアにはいろいろな色がありますが、その中でも一番有名なのは美しい深いブルーです。英国王室で受け継がれているロイヤルブルーといえば、ピンとくる人も多いのではないでしょうか。

　英国王室でロイヤルブルーは、ロイヤルカラーになっていて、ダイアナ妃の婚約指輪もサファイアでした。それが今では、キャサリン妃に受け継がれています。サファイアは愛にまつわる逸話が多い石で、誠実な愛に導く効果もあるようです。また、浮気封じの効果があるといわれており、恋から結婚に導く石としても有名です。あのナポレオンも、妻の浮気を封じるために贈ったといわれています。

　聡明かつクールで知的な印象の強い深いブルー。サファイアは、神

の英知を授ける神聖な石ともされてきました。ダイヤモンドに次ぐ硬度があるため、割れにくく、基盤を築くのに最適な石だといわれています。

Sapphire 　対応する数

　サファイアというと、一般的に美しい深いブルーが有名です。こちらは数でいうと「7」が対応しています。とはいえ、さまざまなカラーバリエーションを持ちますから、そのカラーによって、他の数にも対応するといえるでしょう。例えば、グリーンサファイアは「4」に対応し、ピンクサファイアは「6」、パープルサファイアは「9」に対応します。

Sapphire 　石のチカラ

　「誠実」「慈愛」などの石言葉を持つサファイア。誠実な愛を育みたい人にとっては欠かせないパワーストーンといえます。特に結婚へ導いてくれるといわれていることから、「この人と結婚したい」という想いが強くあるなら、ぜひ恋愛中から身につけてください。

　また、不貞を働くと、サファイアが濁るという言い伝えもあり、浮気防止の効果があるといわれています。心配な人はぜひ身につけてみましょう。相手に贈り、お互いが身につけるというのもおすすめです。

　サファイアは、とても硬くて割れにくい性質から、物事の基盤を固めてくれる効果があるといわれています。物事を最後までやり遂げるよう意志を強く持ちたいとき、仕事に対する礎をちゃんと固めたいとき、家庭をしっかり守りたいときにも有効です。冷静な判断力を授けてくれる心強い石でしょう。

「サファイア＋ライフ・パス・ナンバーと
数に対応するパワーストーン」の相乗効果

ライフ・パス・ナンバー「1」と「1」のパワーストーン

サファイアとライフ・パス・ナンバー「1」の人、ある
いはサファイアを「レッド」のグループである「1」の
石と組み合わせることで、情熱はありつつも、冷静でいることの大
切さも感じられるようになります。勢いだけで突き進むのではなく、
行動力に知性が加わるイメージでしょう。軸がぶれることなく、前
進できるはず。

ライフ・パス・ナンバー「2」と「2」のパワーストーン

サファイアとライフ・パス・ナンバー「2」の人、ある
いはサファイアを「ホワイト」のグループである「2」
の石と組み合わせることで、関わる人を客観的に見ることができる
ようになります。相手に共鳴しながらも、上手に距離が取れるよう
になるでしょう。深く踏み込みすぎて、心に不要な傷を作りやすい
人は、ぜひ組み合わせてみてください。

ライフ・パス・ナンバー「3」と「3」のパワーストーン

サファイアとライフ・パス・ナンバー「3」の人、ある
いはサファイアを「イエロー」のグループである「3」
の石と組み合わせることで、知性にグッと磨きがかかるイメージで
す。物事を深く掘り下げることができるようになり、楽しみながら

学ぶことが、よりいっそう可能となるでしょう。未来への展望も開けてくるはず。

ライフ・パス・ナンバー「4」と「4」のパワーストーン

サファイアとライフ・パス・ナンバー「4」の人、あるいはサファイアを「グリーン」のグループである「4」の石と組み合わせることで、心身ともに安定感がさらに高まります。軸が全くブレなくなる可能性も。とはいえ、傲慢になることはなく、謙虚さも失うことはないでしょう。より信頼感を高めたいときは、ぜひ組み合わせてみてください。

ライフ・パス・ナンバー「5」と「5」のパワーストーン

サファイアとライフ・パス・ナンバー「5」の人、あるいはサファイアを「ブルー」のグループである「5」の石と組み合わせることで、言葉を通して、関わる人との絆を深めていけます。相手が発する言葉の、バックストーリーを想像することができ、踏み込んだコミュニケーションが取れるようになるでしょう。そこから新しい変化が起こるはず。

ライフ・パス・ナンバー「6」と「6」のパワーストーン

サファイアとライフ・パス・ナンバー「6」の人、あるいはサファイアを「ピンク」のグループである「6」の石と組み合わせることで、大切な人と、深い愛情を築けるようになるでしょう。相手を信頼することで、自分を信頼してもらうことも可能に。内側から自信が湧いてくるはずです。結婚したいときにも、

このコンビネーションは最高だといえます。

ライフ・パス・ナンバー「7」と「7」のパワーストーン

サファイアとライフ・パス・ナンバー「7」の人、あるいはサファイアを「ネイビー」のグループである「7」の石と組み合わせることで、強固な自分軸を築くことができるでしょう。魂の成長を促し、ステージアップすることも期待できます。自分の才能を改めて信じたいと願うときにも有効です。

ライフ・パス・ナンバー「8」と「8」のパワーストーン

サファイアとライフ・パス・ナンバー「8」の人、あるいはサファイアを「オレンジ・ブラウン」のグループである「8」の石と組み合わせることで、どんなことが起きても崩れることがない、強い意志を育んでいけます。とはいえ、高圧的になるわけではなく、冷静な思考で物事を判断していくことが可能でしょう。

ライフ・パス・ナンバー「9」と「9」のパワーストーン

サファイアとライフ・パス・ナンバー「9」の人、あるいはサファイアを「パープル」のグループである「9」の石と組み合わせることで、深い癒しと愛の尊さを感じることができるようになるはずです。特に心が傷ついているときにおすすめのコンビネーションに。負のエネルギーをフラットな状態に変え、心を穏やかに凛と保ってくれるでしょう。

11 ライフ・パス・ナンバー「11」と「11」のパワーストーン

サファイアとライフ・パス・ナンバー「11」の人、あるいはサファイアを「シルバー」のグループである「11」の石と組み合わせることで、宇宙とつながることができるような神秘性が育まれます。余計な邪念を払い、感性が研ぎ澄まされていくのを感じるでしょう。強烈なインスピレーションを授かる可能性もあるコンビネーションです。

22 ライフ・パス・ナンバー「22」と「22」のパワーストーン

サファイアとライフ・パス・ナンバー「22」の人、あるいはサファイアを「ゴールド」のグループである「22」の石と組み合わせることで、ブレない軸と、強い意志と、確たる安定性がアップします。周りと協力してやり遂げたいことがあるとき、集中して物事を完遂したいとき、心強いサポートをしてくれるコンビネーションです。

33 ライフ・パス・ナンバー「33」と「33」のパワーストーン

サファイアとライフ・パス・ナンバー「33」の人、あるいはサファイアを「レインボー」のグループである「33」の石と組み合わせることで、自分が持っているパワーを、最大限に発揮できるでしょう。潜在能力を引き出す効果も高まります。また、「もうダメだ」と感じたときに、救いの手を差し伸べてくれる人が現れる可能性も。

Emerald

エメラルド

翠玉（すいぎょく）
翠緑玉（すいりょくぎょく）
硬度 7.5 ～ 8

富と繁栄・美と若返り・夫婦の愛情
さまざまな伝承がある
パワーストーン

Emerald　　　　　　　　　　　　**石のストーリー**

　紀元前4000年頃のバビロニアで、アクセサリーなどの宝飾品とし
て用いられていた歴史がある石で、富と繁栄をもたらすといわれていま
す。エメラルドはサンスクリット語で「緑色の石」を意味する「スマラ
カタ」が語源となり、それが変化して名づけられました。

　エメラルドには美と若返りの効果があるといわれており、古代エジプ
トの女王であるクレオパトラが愛していたことでも有名です。クレオパ
トラは自分専用の鉱山まで持っていたほど、この石の虜になっていまし
た。

　また、ネロ皇帝もエメラルドを大変好んでいたようです。目が疲れた
ときにはこの石をずっと眺めていたとか。実はエメラルドには、視力を
回復する効果があるといわれたり、眼病を治してくれたりする効果があ
るともいわれています。

　エメラルドには、他にもさまざまな伝承があります。サンスクリット
の医術では、解毒や下剤、消化を助けるなどの効果があるとされてい

ました。中世では、未来を予言する力があるといわれ、また、夫婦の愛
情を深めるお守りともされていたようです。

Emerald **対応する数**

　ベリルという鉱物の中で、緑色をしているものをエメラルドと呼びま
す。そのためグリーンに対応する「4」が、エメラルドの数となります。

Emerald **石のチカラ**

　愛の力や夫婦の絆を深めてくれるエメラルド。恋愛成就を願うとき
はもちろん、結婚した後に持つことで、より関係を円満にしてくれる
といわれています。相手を慕う心も育んでくれるでしょう。

　また、クレオパトラや権力者がこよなく愛した石ですから、身につ
けると富と繁栄をもたらしてくれる効果が。実は金銭面でも強い味方
となってくれるはず。

　健康面においてもそのサポート力に期待できるでしょう。目が疲れ
たとき、視力を回復したいとき、ぜひ身につけて欲しいパワーストー
ンになります。心と身体に不要なものをため込んだときのデトックス
や、肝臓が弱っているときにも有効だといわれているのがエメラルド
です。

　また、ヒーリング効果も高いといわれ、心身のバランスを整え、感
情を安定させてくれるといわれています。

「エメラルド＋ライフ・パス・ナンバーと
数に対応するパワーストーン」の相乗効果

ライフ・パス・ナンバー「1」と「1」のパワーストーン

エメラルドとライフ・パス・ナンバー「1」の人、あるいはエメラルドを「レッド」のグループである「1」の石と組み合わせることで、熱い思いだけではなく、安定した感情もプラスしてくれるため、どこに情熱を向けるのが効果的か、見極めることができるようになります。愛情面も、自信を持って前に進んでいけるはずです。

ライフ・パス・ナンバー「2」と「2」のパワーストーン

エメラルドとライフ・パス・ナンバー「2」の人、あるいはエメラルドを「ホワイト」のグループである「2」の石と組み合わせることで、感情のコントロールが上手にできるようになるでしょう。また真摯な愛情で、大切な人との絆がグッと深まるはず。結婚したいと思っている人は良縁を引き寄せ、結婚している人は関係がより円満になります。

ライフ・パス・ナンバー「3」と「3」のパワーストーン

エメラルドとライフ・パス・ナンバー「3」の人、あるいはエメラルドを「イエロー」のグループである「3」の石と組み合わせることで、富と繁栄の礎がしっかりと築けるようになるでしょう。また、よりいっそう財運を高めることが可能な組

み合わせです。地盤が固まることで、明るい未来を引き寄せやすくなります。

ライフ・パス・ナンバー「4」と「4」のパワーストーン
エメラルドとライフ・パス・ナンバー「4」の人、あるいはエメラルドを同じ「グリーン」のグループである「4」の石と組み合わせることで、しっかりとした軸が固まります。なにより安定したいと思っている人には、最高のコンビネーションでしょう。身体が疲れたとき、心を癒したいときにも、ぜひ身につけてください。

ライフ・パス・ナンバー「5」と「5」のパワーストーン
エメラルドとライフ・パス・ナンバー「5」の人、あるいはエメラルドを「ブルー」のグループである「5」の石と組み合わせることで、安定した軸を持ちながらも、変化を起こしていけるコンビネーションになります。「自由にやりたいけれど、全く制限がないのは怖い」と思っている人に、特におすすめです。

ライフ・パス・ナンバー「6」と「6」のパワーストーン
エメラルドとライフ・パス・ナンバー「6」の人、あるいはエメラルドを「ピンク」のグループである「6」の石と組み合わせることで、確固たる愛情を築くことができるようになるでしょう。感情を落ち着かせ、穏やかで安定した関係を構築させる効果があります。また、美に対する意識も高まり、身につけるだけで若返りが期待できる組み合わせです。

ライフ・パス・ナンバー「7」と「7」のパワーストーン

エメラルドとライフ・パス・ナンバー「7」の人、あるいはエメラルドを「ネイビー」のグループである「7」の石と組み合わせることで、成熟した魂の成長が促されます。感情に知性をプラスして動くことができるようになるはず。また、言葉だけではなく、ちゃんと行動で愛を示すことが可能となるでしょう。

ライフ・パス・ナンバー「8」と「8」のパワーストーン

エメラルドとライフ・パス・ナンバー「8」の人、あるいはエメラルドを「オレンジ・ブラウン」のグループである「8」の石と組み合わせることで、より現実的で、しっかりとした基盤を作ることができるようになります。努力をどのように積み上げていくのがよいか、冷静に見極めつつも、やる気を維持し、前進していくことが可能でしょう。

ライフ・パス・ナンバー「9」と「9」のパワーストーン

エメラルドとライフ・パス・ナンバー「9」の人、あるいはエメラルドを「パープル」のグループである「9」の石と組み合わせることで、深い呼吸ができるようになり、心が穏やかになります。同時に、強い愛と癒しの効果を得られるはず。自分のオーラを高めたり、邪気を払ったりすることもでき、状態を安定させてくれる効果があるでしょう。

11 **ライフ・パス・ナンバー「11」と「11」のパワーストーン**
エメラルドとライフ・パス・ナンバー「11」の人、ある
いはエメラルドを「シルバー」のグループである「11」
の石と組み合わせることで、スピリチュアルな啓示を、現実的に受
け止めることができるようになるでしょう。また本当に「縁」のあ
る人を、引き寄せるパワーが強まるコンビネーションだといえます。

22 **ライフ・パス・ナンバー「22」と「22」のパワーストーン**
エメラルドとライフ・パス・ナンバー「22」の人、ある
いはエメラルドを「ゴールド」のグループである「22」
の石と組み合わせることで、財運を高める効果がよりいっそう期待
できます。忍耐強く、富と繁栄を引き寄せ、高い理想を叶えること
が可能となるでしょう。運気全体が底上げされるコンビネーション
です。

33 **ライフ・パス・ナンバー「33」と「33」のパワーストーン**
エメラルドとライフ・パス・ナンバー「33」の人、ある
いはエメラルドを「レインボー」のグループである「33」
の石と組み合わせることで、しっかりとした軸ができ、より大きな
決断ができるようになります。また、潜在能力が開花し、財運を引
き寄せる可能性も。社会に大きく貢献していくことができるように
なるでしょう。

Pearl
パール
真珠（しんじゅ）

● 硬度 2.5 ～ 4.5 ●

神秘的な美しさと光で魅了する
愛と美と母を象徴する品格ある石

Pearl　　　　　　　　　　　　**石のストーリー**

　パールは貝の中で少しずつ成長するため、鉱物ではありません。貝から生まれる海が育む宝石だといえるでしょう。真珠は古くから珍重されており、中国最古の書物に登場し、『日本書紀』『古事記』『万葉集』にもその存在が確認されています。

　「月の雫」「人魚の涙」といわれるパール。その美しさから、「月から落ちた雫がパールになった」「人魚が愛する人を想い、流した涙が波にはじけてパールになった」と考えられてきました。

　また古来より、悪霊を払い、逆によい霊を呼び寄せて持ち主を守る、と信じられていたのがパールです。人魚の涙の伝説と合わせ、こういったことが由来となり、冠婚葬祭で身につけられるようになったといわれています。

　貝の中で少しずつ成長するパールは、胎児が母親のおなかの中で成長するイメージと重なるため、母の象徴といわれてきました。女性が身につけると幸せな結婚ができる、子宝に恵まれるなどともいわれています。

汗や衝撃に弱く、非常にデリケートなので、やわらかい布でこまめに
やさしく拭き取ることが大切です。

Pearl　　　　　　　　　　　　　　　　　　　**対応する数**

ホワイトのイメージが強いパールは、白が基本の色といえるでしょう。
そのためこちらは「2」が、対応する数となります。

とはいえ、他にもカラーバリエーションがあるため、そのカラーに
よって、他の数にも対応すると考えられるでしょう。例えば、有名なの
は光沢のあるグレーやシルバーです。このパールは「11」に対応します。

Pearl　　　　　　　　　　　　　　　　　　　**石のチカラ**

実は現在でも化粧品に配合されるなど、美容に関係が深いパール。
肌に潤いを与えてくれる、美と健康を促してくれるなどといわれ、愛
されています。クレオパトラが酢に溶かして飲んでいたという逸話も
あるほど。美しさに磨きをかけたいときは、ぜひ身につけましょう。

またパールは、女性性を高めてくれるともいわれています。新しい
出会いが欲しいとき、大切な人との愛を育みたいときにも効果を発揮
してくれるはず。結婚運を高めてくれるなど、愛情面でも心強いサポー
トをしてくれるでしょう。

母や子宝の象徴といわれるため、妊娠や安産祈願にも有効だといわ
れているパール。母性を育て、感情の波をコントロールしてくれるは
ずです。冠婚葬祭でも用いられるため、悲しみを和らげ、喜びを増やし、
人間性に幅を持たせてくれるパワーストーンだといえるでしょう。

「パール＋ライフ・パス・ナンバーと数に対応するパワーストーン」の相乗効果

ライフ・パス・ナンバー「1」と「1」のパワーストーン

パールとライフ・パス・ナンバー「1」の人、あるいはパールを「レッド」のグループである「1」の石と組み合わせることで、愛情面が強化されるでしょう。情熱的な愛だけではなく、相手に寄り添う愛情を育ててくれます。セクシャリティな面と、包み込むようなやさしさをバランスよく引き出してくれるはず。

ライフ・パス・ナンバー「2」と「2」のパワーストーン

パールとライフ・パス・ナンバー「2」の人、あるいはパールを「ホワイト」のグループである「2」の石と組み合わせることで、心を穏やかに保ち、愛情をさらに豊かにしてくれます。公私ともに良縁を呼び込むパワーも強まりますし、よりよい人間関係が築けるよう促してくれるはずです。

ライフ・パス・ナンバー「3」と「3」のパワーストーン

パールとライフ・パス・ナンバー「3」の人、あるいはパールを「イエロー」のグループである「3」の石と組み合わせることで、対人運がより活性化し、明るい人間関係が築けるようになるはずです。楽しいだけではなく、相手に寄り添う気持ちも育ててくれます。また、人との縁によって、お金の循環もよくなるでしょう。

ライフ・パス・ナンバー「4」と「4」のパワーストーン

パールとライフ・パス・ナンバー「4」の人、あるいはパールを「グリーン」のグループである「4」の石と組み合わせることで、軸がしっかりと安定し、凛とした品格が芽生えるでしょう。また、不必要な緊張をほぐし、角を取ってくれるようなやさしさや穏やかさが加わり、人間関係を円滑にしてくれます。

ライフ・パス・ナンバー「5」と「5」のパワーストーン

パールとライフ・パス・ナンバー「5」の人、あるいはパールを「ブルー」のグループである「5」の石と組み合わせることで、自由に変化を楽しみながらも、気品を感じさせることができるはず。自分をブラすことなく、羽ばたくことをサポートしてくれるコンビネーションでしょう。グレードアップした縁を引き寄せてくれる可能性も。

ライフ・パス・ナンバー「6」と「6」のパワーストーン

パールとライフ・パス・ナンバー「6」の人、あるいはパールを「ピンク」のグループである「6」の石と組み合わせることで、女性性がグッと高まります。新たな出会いも呼び込んでくれますし、パートナーがいるなら、絆を強固なものにしてくれるでしょう。相手にイライラしたり、ケンカが増えてきたときは、ぜひ持って欲しい組み合わせです。

ライフ・パス・ナンバー「7」と「7」のパワーストーン

パールとライフ・パス・ナンバー「7」の人、あるいはパールを「ネイビー」のグループである「7」の石と組み合わせることで、物事を冷静に見極め、より知性を引き出してくれる効果があります。また、品格を高めたいとき、成熟した大人の対応ができるようになりたいと思っているときは、ぜひ身につけて欲しいコンビネーションです。

ライフ・パス・ナンバー「8」と「8」のパワーストーン

パールとライフ・パス・ナンバー「8」の人、あるいはパールを「オレンジ・ブラウン」のグループである「8」の石と組み合わせることで、強い意志だけではなく、凜としたやさしさと気品が加わります。また、魔を払いしっかりと持ち主を守ってくれるコンビネーションでしょう。身につければ、内側から自信がみなぎってくるはず。

ライフ・パス・ナンバー「9」と「9」のパワーストーン

パールとライフ・パス・ナンバー「9」の人、あるいはパールを「パープル」のグループである「9」の石と組み合わせることで、精神面を穏やかに癒し、成熟させてくれる効果が高まるでしょう。心が疲れているときや落ち着きたいと思っているとき、なかなか回復しない心の傷があるときに、おすすめのコンビネーションです。

11 ライフ・パス・ナンバー「11」と「11」のパワーストーン

パールとライフ・パス・ナンバー「11」の人、あるいはパールを「シルバー」のグループである「11」の石と組み合わせることで、直感力がよりいっそう高まり、自分の進むべき方向や一緒にいるとよい人がわかるようになるでしょう。合わない波動を瞬時に察し、そちらに近づかなくなることで、落ち込むことやイライラすることが減るはずです。

22 ライフ・パス・ナンバー「22」と「22」のパワーストーン

パールとライフ・パス・ナンバー「22」の人、あるいはパールを「ゴールド」のグループである「22」の石と組み合わせることで、生命力を高めてくれる効果が、さらに高まります。心身に抱える不調の改善や、精神面を落ち着かせてくれる効果もあるでしょう。これから先、どうするのがよいのか、具体的な道筋が見えてくることも。

33 ライフ・パス・ナンバー「33」と「33」のパワーストーン

パールとライフ・パス・ナンバー「33」の人、あるいはパールを「レインボー」のグループである「33」の石と組み合わせることで、広い視野で物事をとらえることができるようになるでしょう。感情の波を穏やかにしてくれ、リラックスすることで、大抵のことは受け入れられる器が作られていくはずです。

Coral
コーラル
珊瑚（さんご）

硬度 3.5 〜 4

海のパワーを存分に秘め
女性を守り家庭に幸運を授ける

Coral ▎石のストーリー

　海から生まれたコーラルは、鉱物ではありません。ですが、海のパワーが宿るといわれ、世界中で大切に扱われているパワーストーンだといえるでしょう。特に、海での航海の安全を願うお守りとして、古くから愛されてきました。また、世界各地で護符や祭儀の道具としても広く用いられてきた歴史があります。持ち主を強力なパワーで守ってくれると信じられていたのです。

　大地もそうですが、海は母神信仰ともつながります。そのためコーラルは、女性を守るお守り、家庭を守るお守りとしても大切にされており、特に和名である珊瑚が、産後という言葉を連想させ、出産のお守りとして贈るとよいといわれています。ヨーロッパでは「子供を守るお守り」としても有名です。

　ギリシャ神話では、ペルセウスが妖怪であるメドゥーサを退治したときの血が海に落ち、それがコーラルになったという言い伝えがあります。邪悪な血さえも、海には宝石に変えるだけの力があるというのです。そ

のため、コーラルにはマイナスをプラスに転じるパワーがあるといわれています。

　コーラルもカラーにバリエーションがあります。ピンク色のコーラルは「６」が対応する数になりますし、レッドのコーラルは「１」に対応します。

　女性を守ってくれる、子供を守ってくれる、航海を見守ってくれるなど、とにかくお守りとして心強いパワーストーンがコーラルです。厄を除けて幸運を呼び込むともいわれていますし、逆境を跳ね返してくれる力強さもあるといえるでしょう。

　母のようなやさしさと強さを持つコーラルは、大きな包容力が必要なときも寄り添ってくれるパワーストーンです。妊娠や出産などを希望している人にもパワーをくれるはず。昔から、子宝を授ける効果もあるといわれており、また長寿のお守りとしてもおすすめです。

　海のパワーを持ちますから、浄化作用も抜群といえます。心のイライラを鎮めてくれたり、マイナスのエネルギーを中和してくれたり。感情面をコントロールしたいと思っている人に、ぜひ身につけて欲しいパワーストーンです。

「コーラル＋ライフ・パス・ナンバーと数に対応するパワーストーン」の相乗効果

Coral

1　ライフ・パス・ナンバー「1」と「1」のパワーストーン

コーラルとライフ・パス・ナンバー「1」の人、あるいはコーラルを「レッド」のグループである「1」の石と組み合わせることで、自分のためはもちろん、相手のためにもっと行動できるようになるでしょう。思うだけではなく、自分を信じて、すぐにアクションできるようになるのが大きなポイントです。

2　ライフ・パス・ナンバー「2」と「2」のパワーストーン

コーラルとライフ・パス・ナンバー「2」の人、あるいはコーラルを「ホワイト」のグループである「2」の石と組み合わせることで、相手を守る気持ちが強くなります。相手を尊重する気持ちがよりいっそう強まるため、信頼関係をもっと築けるようになるでしょう。それによって、メンタルを強化することも可能に。

3　ライフ・パス・ナンバー「3」と「3」のパワーストーン

コーラルとライフ・パス・ナンバー「3」の人、あるいはコーラルを「イエロー」のグループである「3」の石と組み合わせることで、攻めることと守ることを、同時に意識できるようになるでしょう。また、人間関係を構築する根底に、もっと愛が必要だということも理解できるようになるコンビネーションです。

ライフ・パス・ナンバー「4」と「4」のパワーストーン

コーラルとライフ・パス・ナンバー「4」の人、あるいはコーラルを「グリーン」のグループである「4」の石と組み合わせることで、心に安定感が生まれ、どっしりと構えることができ、邪気を払うことができるはず。余計なストレスやイライラを改善し、建設的に前へ踏み出せるようになるでしょう。

ライフ・パス・ナンバー「5」と「5」のパワーストーン

コーラルとライフ・パス・ナンバー「5」の人、あるいはコーラルを「ブルー」のグループである「5」の石と組み合わせることで、他者への気持ちに理解を示しながら、変化していくことが可能となるでしょう。コミュニケーションを深めることも、自分がもっと羽ばたくために必要なことだと理解できるようになるはずです。

ライフ・パス・ナンバー「6」と「6」のパワーストーン

コーラルとライフ・パス・ナンバー「6」の人、あるいはコーラルを「ピンク」のグループである「6」の石と組み合わせることで、よりいっそう深い愛情を相手に差し出せるようになるでしょう。また、傷ついた心を癒すだけではなく、しっかり回復させ、次の一歩を踏み出せるようになるはずです。

ライフ・パス・ナンバー「7」と「7」のパワーストーン

コーラルとライフ・パス・ナンバー「7」の人、あるいはコーラルを「ネイビー」のグループである「7」の石と組み合わせることで、自分の本音と向き合い、相手とどう関わっていくのが一番よい方法なのか、自問自答ができるようになるでしょう。自分だけの利益ではなく、相手のためを思うことができる、心を育むコンビネーションです。

ライフ・パス・ナンバー「8」と「8」のパワーストーン

コーラルとライフ・パス・ナンバー「8」の人、あるいはコーラルを「オレンジ・ブラウン」のグループである「8」の石と組み合わせることで、より強い正義感が生まれます。多くの人の利益になるような、そんなアイデアが浮かぶようになり、具体的な結果を出せるよう行動することも可能となるでしょう。

ライフ・パス・ナンバー「9」と「9」のパワーストーン

コーラルとライフ・パス・ナンバー「9」の人、あるいはコーラルを「パープル」のグループである「9」の石と組み合わせることで、不要なストレスや邪気を払い、深い癒しの効果を得られるようになるはず。マイナスのエネルギーをプラスのエネルギーに、大きく変えてくれるコンビネーションです。

11

ライフ・パス・ナンバー「11」と「11」のパワーストーン

コーラルとライフ・パス・ナンバー「11」の人、あるいはコーラルを「シルバー」のグループである「11」の石と組み合わせることで、本当に自分にとって必要なこと、やるべきことが見えてきます。そのために何を守ることが大事か、ということも学べるでしょう。自分を成長させてくれる出会いを引き寄せる可能性も。

22

ライフ・パス・ナンバー「22」と「22」のパワーストーン

コーラルとライフ・パス・ナンバー「22」の人、あるいはコーラルを「ゴールド」のグループである「22」の石と組み合わせることで、強力なバリアを張ることができ、不要なもの、邪気を感じるものを一切寄せ付けないことができるようになるでしょう。大事な人を、しっかり守ることも可能となるはず。

33

ライフ・パス・ナンバー「33」と「33」のパワーストーン

コーラルとライフ・パス・ナンバー「33」の人、あるいはコーラルを「レインボー」のグループである「33」の石と組み合わせることで、他者に対してもっと貢献できるようになるでしょう。思いやりが欲しいとき、誰かのために行動したいとき、魂を成長させたいときに、パワーを発揮してくれるコンビネーションです。

Topaz
トパーズ
黄玉（おうぎょく）

硬度 8

能力を最大限に高めてくれ
未来への一歩を後押ししてくれる

Topaz 石のストーリー

トパーズには2つの語源があり、ひとつはサンスクリット語で「炎」を意味する「tapas」になります。もうひとつはギリシャ語で「探求する」ことを表わす「topazos」だといわれています。トパーズはカラーバリエーションが豊富なため、昔は他の石と混同されてしまったこともあるようですが、古代より護符などとして、大切にされてきたパワーストーンであることは間違いないといえるでしょう。

トパーズで特に最上だといわれているのが、インペリアルトパーズです。まるでシェリー酒を思わせるような、ピンクとオレンジがブレンドされた深みのある色となっています。持ち主の能力を最大限に引き出し、願いや希望を実現させるためにサポートしてくれる、幸運を引き寄せる石として有名です。

ブルートパーズは、パワーストーンとして人気の高い石といえるかもしれません。トパーズの石言葉は「友情」「希望」「誠実」「知性」などといわれていが、ブルートパーズはその中でも、「友情」「知性」に関す

る効果を発揮するといわれています。ただ、天然の青色のものは大変稀少なため、多くはホワイトトパーズに放射線照射したものになります。

Topaz　　　　　　　　　　　　　　　　　　　対応する数

　さまざまなカラーバリエーションを持つトパーズ。ブルートパーズは「5」に対応しますし、ホワイトトパーズは「2」の数に、ピンクトパーズは「6」に対応します。

　インペリアルトパーズは、ピンクとオレンジがブレンドされた色になりますから、「6」と「8」の要素が両方あるといえるでしょう。

Topaz　　　　　　　　　　　　　　　　　　　石のチカラ

　「友情」「希望」「誠実」「知性」などの石言葉を持つトパーズは、願いを実現させるため、未来に希望が持てるようになるといわれています。どの色も透明感を持つ石のパワーから、モヤモヤを晴らしてくれ、物事をクリアに見せてくれる効果があるといわれるパワーストーンです。自分にとって本当に必要としていることが、しっかりと自覚できるようになるでしょう。また、ネガティブな感情や精神的なストレスを取り除き、災難などから身を守ってくれるともいわれています。

　ブルートパーズは、友情や知性に関する効果を発揮するといわれ、必要な縁を引き寄せ、大切な友情を育んでくれるといわれるパワーストーンです。人間関係を円滑にしてくれる効果もあるでしょう。また、潜在的な能力を引き出し、頭の回転を速め、知性に磨きをかけてくれる石として有名です。

「トパーズ＋ライフ・パス・ナンバーと
数に対応するパワーストーン」の相乗効果

ライフ・パス・ナンバー「1」と「1」のパワーストーン

トパーズとライフ・パス・ナンバー「1」の人、あるいはトパーズを「レッド」のグループである「1」の石と組み合わせることで、自分のやるべきことがはっきりと見つかるでしょう。また、それをやるべきだという確信を得ることもできます。あとは、ゴールに向かってまっすぐと突き進むだけの環境が整うはずです。

ライフ・パス・ナンバー「2」と「2」のパワーストーン

トパーズとライフ・パス・ナンバー「2」の人、あるいはトパーズを「ホワイト」のグループである「2」の石と組み合わせることで、本当に必要としている、大切な縁を引き寄せることができるでしょう。その出会いを通して、人との関わりや感情の持ち方を学ぶことができ、人間としての成長をサポートしてくれるはずです。

ライフ・パス・ナンバー「3」と「3」のパワーストーン

トパーズとライフ・パス・ナンバー「3」の人、あるいはトパーズを「イエロー」のグループである「3」の石と組み合わせることで、未来に対する希望がよりいっそう輝きます。物事をポジティブにとらえられるようになり、確かな一歩を踏み出

せるようになるはず。自分に対する評価も上がり、周りがもっと支えてくれるようになるでしょう。

 ライフ・パス・ナンバー「4」と「4」のパワーストーン
トパーズとライフ・パス・ナンバー「4」の人、あるいはトパーズを「グリーン」のグループである「4」の石と組み合わせることで、安定した人間関係を築けるようになります。感情をうまくコントロールすることができるようになり、相手とのコミュニケーションによって引き出すことができる情報の質が上がってくるでしょう。

 ライフ・パス・ナンバー「5」と「5」のパワーストーン
トパーズとライフ・パス・ナンバー「5」の人、あるいはトパーズを「ブルー」のグループである「5」の石と組み合わせることで、自分のやるべきこと、やりたいことを、もっと自由に楽しくできるようになるでしょう。また自分がやりたいことに対して、ありがたい助言をくれる人とのご縁が広がる可能性も。

 ライフ・パス・ナンバー「6」と「6」のパワーストーン
トパーズとライフ・パス・ナンバー「6」の人、あるいはトパーズを「ピンク」のグループである「6」の石と組み合わせることで、今の自分にとって必要なパートナーが見つかる可能性が高まります。コミュニケーションを取ったときに、自然とフィーリングの合う相手が現れ、「この人だ」と感じることができるはずです。

ライフ・パス・ナンバー「7」と「7」のパワーストーン

トパーズとライフ・パス・ナンバー「7」の人、あるいはトパーズを「ネイビー」のグループである「7」の石と組み合わせることで、これからどうするべきかということがわかるようになり、先のビジョンがしっかり見えるようになるでしょう。それによって、魂の成長がより促されるはずです。

ライフ・パス・ナンバー「8」と「8」のパワーストーン

トパーズとライフ・パス・ナンバー「8」の人、あるいはトパーズを「オレンジ・ブラウン」のグループである「8」の石と組み合わせることで、自分の能力がグッと高まります。自分のためはもちろん、多くの人にとってプラスになるようなことで、自分のやるべき道を見つけることも可能に。充実した人生をつかむことができるでしょう。

ライフ・パス・ナンバー「9」と「9」のパワーストーン

トパーズとライフ・パス・ナンバー「9」の人、あるいはトパーズを「パープル」のグループである「9」の石と組み合わせることで、心に余裕が生まれ、精神的に強くなれる可能性が高まります。また、心が落ち着くことで、次に進む道を冷静に見極めることができるようになるはずです。

11 ライフ・パス・ナンバー「11」と「11」のパワーストーン

トパーズとライフ・パス・ナンバー「11」の人、あるいはトパーズを「シルバー」のグループである「11」の石と組み合わせることで、直感力、潜在能力が高まり、たくさんある日々の選択が、とても有意義なものに変わるでしょう。大事なことを選べるようになることで、人生がガラッと変化していく可能性も。

22 ライフ・パス・ナンバー「22」と「22」のパワーストーン

トパーズとライフ・パス・ナンバー「22」の人、あるいはトパーズを「ゴールド」のグループである「22」の石と組み合わせることで、現実的な視点と、スピリチュアルな感性のバランスが、うまく取れるようになっていきます。運気全体のボトムアップが期待できるため、成功を引き寄せる確率がグッと高まるでしょう。

33 ライフ・パス・ナンバー「33」と「33」のパワーストーン

トパーズとライフ・パス・ナンバー「33」の人、あるいはトパーズを「レインボー」のグループである「33」の石と組み合わせることで、潜在能力が開花し、自然と社会へ貢献できる道に導かれていく可能性があります。それをサポートしてくれるキーパーソンと出会えるコンビネーションともいえるでしょう。

Tourmaline
トルマリン
電気石（でんきせき）
硬度 7 〜 7.5

自分にとって
価値あるものを引き寄せ
現状をよりよい方向に変えてくれる

Tourmaline　　　　　　　　　　　　　　　　　　**石のストーリー**

　トルマリンは、スリランカの言葉で「混合した色の石」という意味を持つ「toramalli」に由来するといわれています。トルマリンにない色はないといわれるほど、カラーバリエーションが豊富で、色によって価値も違ってきます。

　和名の「電気石」は、摩擦や熱、圧力によって電気を帯びることから名づけられました。それに関連づけ、リラックス効果が高まる、疲労回復が期待できるなど、ヒーリング効果を引き寄せる石として、注目されているパワーストーンです。

　最も価値が高いといわれるのが、パライバトルマリンになります。グリーンともブルーともいえるネオンカラーの輝きを放つこの石は、採掘量が大変少なく、ダイヤモンド以上に価値があるといわれることも。自分は価値のある存在だということに気づかせてくれ、現状を変える力を授けてくれるのだそう。自分を認めることによって、周りからも認められる存在に変われるのだそうです。

深いブルーのインディゴライト、赤いルベライトも価値が高く、ピンクトルマリンは愛情面を高めてくれる石として人気があります。

多くのカラーバリエーションをもつトルマリン。ルベライトは「1」に対応しますし、インディゴライトは「7」の数に、ピンクトルマリンは「6」に対応します。

パライバトルマリンは、グリーンとブルーが混ざり合ったようなネオンカラーですから、「4」と「5」の要素が両方あるといえるでしょう。

帯電性があることから、どの色のトルマリンも「引き寄せの強さ」が共通している要素だといわれています。また、リラックス効果、疲労回復効果をはじめ、精神を安定させるともいわれており、心身ともに健康な状態へ導いてくれる石です。

パライバトルマリンは、自分の価値を高めてくれることを引き寄せてくれるパワーストーンで、インディゴライトは、精神が安定するよう働きかけてくれ、ルベライトは、前向きになれること、希望が持てることを引き寄せてくれるといわれています。

パワーストーンとして身につけやすく、人気の高いピンクトルマリンは、新しい出会いを引き寄せてくれる石として有名です。また、すでにある友情を、愛情へステップアップさせたいときも有効だといわれています。恋人との距離を、もっと縮めたいときにもおすすめでしょう。

「トルマリン＋ライフ・パス・ナンバーと
数に対応するパワーストーン」の相乗効果

ライフ・パス・ナンバー「1」と「1」のパワーストーン

トルマリンとライフ・パス・ナンバー「1」の人、あるいはトルマリンを「レッド」のグループである「1」の石と組み合わせることで、自分が前に進むために必要なことを引き寄せてくれるでしょう。例えばそれは、やる気だったり、情熱だったり、熱を帯びるようなことで、目標や夢を叶えるためのアクションにつながることです。

ライフ・パス・ナンバー「2」と「2」のパワーストーン

トルマリンとライフ・パス・ナンバー「2」の人、あるいはトルマリンを「ホワイト」のグループである「2」の石と組み合わせることで、そのときの自分にとって必要な縁を引き寄せてくれるでしょう。それは、次のステージに進むためのキーパーソンだったり、公私ともに自分を支えてくれる大切なパートナーだったりするかもしれません。

ライフ・パス・ナンバー「3」と「3」のパワーストーン

トルマリンとライフ・パス・ナンバー「3」の人、あるいはトルマリンを「イエロー」のグループである「3」の石と組み合わせることで、希望を叶えるために必要なことを引き寄せてくれるはずです。それは辛いことや苦しいことではなく、楽

しいことや嬉しいことで、ポジティブに未来を創造できるようなことでしょう。

ライフ・パス・ナンバー「4」と「4」のパワーストーン

トルマリンとライフ・パス・ナンバー「4」の人、あるいはトルマリンを「グリーン」のグループである「4」の石と組み合わせることで、物事を安定させるために必要なことを引き寄せてくれるでしょう。それは具体的な企画だったり、必要な経済的支援だったり、感情を落ち着かせてくれるような出来事だといえるはずです。

ライフ・パス・ナンバー「5」と「5」のパワーストーン

トルマリンとライフ・パス・ナンバー「5」の人、あるいはトルマリンを「ブルー」のグループである「5」の石と組み合わせることで、自分が大きく羽ばたけるチャンスを引き寄せてくれるでしょう。例えばそれは、自由に動ける環境が整うようなことだったり、自分を引き上げてくれる人との出会いだったりするかもしれません。

ライフ・パス・ナンバー「6」と「6」のパワーストーン

トルマリンとライフ・パス・ナンバー「6」の人、あるいはトルマリンを「ピンク」のグループである「6」の石と組み合わせることで、新しい恋を引き寄せてくれたり、結婚を高める機運を引き寄せてくれたり、愛情面での引き寄せ効果があるでしょう。また、自分を愛する必要性も学ばせてくれるコンビネー

ションです。

ライフ・パス・ナンバー「7」と「7」のパワーストーン

トルマリンとライフ・パス・ナンバー「7」の人、あるいはトルマリンを「ネイビー」のグループである「7」の石と組み合わせることで、魂の成長を促すことが引き寄せられるでしょう。もしかしたら、人によっては試練だと感じることもあるかもしれません。ですが、どんな経験でも、乗り越えた先には新しい景色が広がっているはずです。

ライフ・パス・ナンバー「8」と「8」のパワーストーン

トルマリンとライフ・パス・ナンバー「8」の人、あるいはトルマリンを「オレンジ・ブラウン」のグループである「8」の石と組み合わせることで、自分の意思や能力を高めるための引き寄せがあるでしょう。重圧や責任を引き受けるようなこともあるかもしれませんが、すべての経験が、自分をもっと強くしてくれるはずです。

ライフ・パス・ナンバー「9」と「9」のパワーストーン

トルマリンとライフ・パス・ナンバー「9」の人、あるいはトルマリンを「パープル」のグループである「9」の石と組み合わせることで、自分にとって必要なヒーリング効果を引き寄せることができるでしょう。深くリラックスすることで、心に余裕が生まれ、潜在能力を引き出す効果も高まります。

11 ライフ・パス・ナンバー「11」と「11」のパワーストーン

トルマリンとライフ・パス・ナンバー「11」の人、ある
いはトルマリンを「シルバー」のグループである「11」
の石と組み合わせることで、意味のある偶然の一致を、たくさん引
き寄せることができるでしょう。些細なことにも、自分をプラスに
変えていくメッセージを感じることができ、大きく成長できるはず
です。

22 ライフ・パス・ナンバー「22」と「22」のパワーストーン

トルマリンとライフ・パス・ナンバー「22」の人、ある
いはトルマリンを「ゴールド」のグループである「22」
の石と組み合わせることで、自分にとって必要な財と成功を引き寄
せることができるでしょう。まずは身の丈に合ったものを得られ、
そこからどんどんステージアップしていけるはずです。

33 ライフ・パス・ナンバー「33」と「33」のパワーストーン

トルマリンとライフ・パス・ナンバー「33」の人、ある
いはトルマリンを「レインボー」のグループである「33」
の石と組み合わせることで、革命を起こせるほどの体験を引き寄せ
ることができるでしょう。今の自分を変えたい、今よりもっと価値
のある人生を送りたいと、強く思っている人におすすめのコンビネー
ションです。

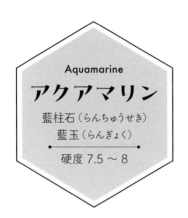

Aquamarine
アクアマリン
藍柱石（らんちゅうせき）
藍玉（らんぎょく）
硬度 7.5 〜 8

深くやさしい波動で包み込み
愛も富も授けてくれる幸運の石

Aquamarine　　　　　　　　　　　　　**石のストーリー**

　ラテン語のアクア（水）とマリン（海）が名前の由来となっている、美しいブルーが特徴のアクアマリン。その名の通り、まるで海の水がそのまま石になったといっても過言ではありません。ギリシャ神話でアクアマリンは、「海が荒れたとき、海の精の宝物が浜辺に打ち上げられて石になった」といわれていて、人魚の宝だと信じられてきました。

　また、海との関連から、航海の安全と豊漁をもたらしてくれるといわれ、船乗りたちの大切なお守りの役目も持っていました。

　アクアマリンの石言葉は、「幸運」「富」「若さ」「聡明」などがあります。11世紀頃の中世ヨーロッパで書かれた「宝石誌」には、「アクアマリンには富と名声を授ける力がある」という記載もあるほどです。

　また、フランス王妃だったマリー・アントワネットが好んでいた石がアクアマリンといわれています。アクアマリンには、ろうそくの灯りなどを美しく反射するという特徴を持っており、特に夜に身につけると、より魅力的に見せてくれるといわれています。そのため、ヨーロッパの

貴族たちが、アクアマリンを「夜の女王」と呼んで、こぞって身につけていたそうです。

Aquamarine 　　　　　　　　　　　　　　　**対応する数**

　ベリルという鉱物の中で、ブルーのものをアクアマリンと呼びます。そのためブルーに対応する「5」が、アクアマリンの数となります。

Aquamarine 　　　　　　　　　　　　　　　**石のチカラ**

　夜になると輝きを増すアクアマリンは、持ち主を魅力的に見せてくれる効果があるといわれています。そのため、新しい出会いをもたらし、幸せな恋や結婚に導いてくれる石として有名です。結婚した後も、パートナーとのすれ違いをなくし、深い愛によってお互いを結びつける効果もあるといわれています。身につけると、素直でやさしい気持ちにさせてくれるため、関係を安定させる効果があるのでしょう。

　夜に輝くという特性から他にもアクアマリンの効果があります。それは、迷って気持ちが暗くなったとき、新しい希望の光をもたらしてくれることです。

　また、船乗りのお守りとなっていたことから、海に行くとき、海外旅行のときに身につけると、身を守ってくれる効果があるといわれています。海のパワーで浄化し、邪悪なものを洗い流してくれるのでしょう。

「アクアマリン＋ライフ・パス・ナンバーと数に対応するパワーストーン」の相乗効果

ライフ・パス・ナンバー「1」と「1」のパワーストーン

アクアマリンとライフ・パス・ナンバー「1」の人、あるいはアクアマリンを「レッド」のグループである「1」の石と組み合わせることで、聡明さを引き出しながら、情熱をかき立て、富と名声を引き寄せることができるようになるでしょう。このまま突き進んで大丈夫か迷うときにこそ、ぜひ身につけて欲しいコンビネーションです。

ライフ・パス・ナンバー「2」と「2」のパワーストーン

アクアマリンとライフ・パス・ナンバー「2」の人、あるいはアクアマリンを「ホワイト」のグループである「2」の石と組み合わせることで、生涯のパートナーにつながる縁を、引き寄せてくれる効果が高まるでしょう。それは刺激的な出会いではないかもしれませんが、やさしく穏やかな気持ちになれる、そんな出会いになるはずです。

ライフ・パス・ナンバー「3」と「3」のパワーストーン

アクアマリンとライフ・パス・ナンバー「3」の人、あるいはアクアマリンを「イエロー」のグループである「3」の石と組み合わせることで、明るい未来を想像し、希望が持てるようになるでしょう。特に今、マイナスな感情に引きずられている人

に持って欲しいコンビネーションです。ネガティブな気持ちを洗い流してくれるはず。

ライフ・パス・ナンバー「4」と「4」のパワーストーン
アクアマリンとライフ・パス・ナンバー「4」の人、あるいはアクアマリンを「グリーン」のグループである「4」の石と組み合わせることで、ストレスをきれいに浄化してくれる効果が高まります。心の安定が欲しいとき、現実的な安定も欲しいとき、どちらもバランスを取ってくれ、お守りのように作用してくれるはずです。

ライフ・パス・ナンバー「5」と「5」のパワーストーン
アクアマリンとライフ・パス・ナンバー「5」の人、あるいはアクアマリンを同じ「ブルー」のグループである「5」の石と組み合わせることで、自分の殻を破ることができるようになるでしょう。不安な思いや迷いを払拭し、自由に羽ばたくことができるはず。生活に変化が欲しいときや自分自身が変わりたいときに、お守りとしての効果も発揮してくれます。

ライフ・パス・ナンバー「6」と「6」のパワーストーン
アクアマリンとライフ・パス・ナンバー「6」の人、あるいはアクアマリンを「ピンク」のグループである「6」の石と組み合わせることで、より素直でやさしい気持ちになれるでしょう。愛にスポットを当ててくれるので、良質な出会いを引き寄せやすくなりますし、愛を深めてくれる効果も。また、恋することで、

美や若々しさを授けてくれます。

ライフ・パス・ナンバー「7」と「7」のパワーストーン
アクアマリンとライフ・パス・ナンバー「7」の人、あるいはアクアマリンを「ネイビー」のグループである「7」の石と組み合わせることで、聡明な思考力を授けてくれるでしょう。物事の本質を見極めることができ、それが魂の成長を促します。自分が進むべき道を見つけ、集中していくことができるはずです。

ライフ・パス・ナンバー「8」と「8」のパワーストーン
アクアマリンとライフ・パス・ナンバー「8」の人、あるいはアクアマリンを「オレンジ・ブラウン」のグループである「8」の石と組み合わせることで、自分だけの力ではなく、周りからの適切なサポートも受けることが可能となり、富と名声を引き寄せる効果が高まるでしょう。聡明さと現実性、どちらも生かすことができるコンビネーションです。

ライフ・パス・ナンバー「9」と「9」のパワーストーン
アクアマリンとライフ・パス・ナンバー「9」の人、あるいはアクアマリンを「パープル」のグループである「9」の石と組み合わせることで、深いリラクゼーションを得られる効果が高まります。心が疲れているとき、消したい過去があるとき、浄化したいと思うとき、深い呼吸とともに身につけると、強力なサポートが期待できるコンビネーションです。

11 ライフ・パス・ナンバー「11」と「11」のパワーストーン

アクアマリンとライフ・パス・ナンバー「11」の人、あるいはアクアマリンを「シルバー」のグループである「11」の石と組み合わせることで、幸運をつかむ道のりが、最短になる可能性があるでしょう。なぜなら、進むべき方向性がクリアに見えるからです。直感を研ぎ澄ませてくれる効果があるコンビネーションだといえます。

22 ライフ・パス・ナンバー「22」と「22」のパワーストーン

アクアマリンとライフ・パス・ナンバー「22」の人、あるいはアクアマリンを「ゴールド」のグループである「22」の石と組み合わせることで、マイナスをプラスに変え、負のエネルギーしっかり洗い流してくれる効果があります。それによって、運気がグッと底上げされるでしょう。輝かしい成功を引き寄せるコンビネーションです。

33 ライフ・パス・ナンバー「33」と「33」のパワーストーン

アクアマリンとライフ・パス・ナンバー「33」の人、あるいはアクアマリンを「レインボー」のグループである「33」の石と組み合わせることで、強い浄化作用をもたらします。心と身体の不要なものが一気にクリアになることで、ステージアップが期待できるでしょう。人生を変えるきっかけとなるキーパーソンとの出会いを引き寄せることもできるはず。

Amethyst
アメシスト
紫水晶（むらさきすいしょう）

硬度 7

人生の悪酔いを防ぎ
真実の愛を見抜く力を授ける

Amethyst　　　　　　　　　　　　　　　**石のストーリー**

　アメシストの語源であるギリシャ語の「amethystos」は、「お酒に酔わない」という意味があります。その由来は、ギリシャ神話のバッカスの伝説からきたものです。お酒に酔ったバッカスが、通りがかった人間を家来である獣に襲わせようと企みます。そこへちょうど通りがかったのが、美しい乙女のアメシストでした。それを偶然見ていた月の女神が、アメシストを瞬時に水晶に変えて救います。酔いが冷めたバッカスは自らの行いを反省し、お詫びとして水晶にぶどう酒を注ぎました。するとたちまち石は、美しい紫色に変わったといわれています。

　この伝説より、「人を悪酔いから守る」という意味を持つようになり、アメシストで作った器でワインを飲む人もいたようです。

　また、古来では紫の染料は稀少で、高貴な色とされていました。そのためその色を持つアメシストも、特別な力があると信じられてきた歴史があります。王室の権力を表す王冠や、司教たちが宗教の儀式を執り行うときに、ペンダントや指輪などに使われてきました。

この石に魅せられた、レオナルド・ダ・ヴィンチも「アメシストは邪悪な想念を払ってくれ、知性をかき立てる」という言葉を残しています。

Amethyst ▰ 対応する数

　紫水晶という和名からもわかるように、アメシストは紫色をした水晶になります。そのためパープルに対応する「9」が、アメシストの数となります。

Amethyst ▰ 石のチカラ

　悪酔いから守ってくれるアメシストは、お酒の悪酔いだけではなく、人生でも悪酔いすることがないよう守ってくれるといわれています。魔除けとしても絶大な効果を発揮する石として有名です。

　また、「真実の愛」「誠実」「心の平和」などの石言葉を持つアメシスト。愛情面でも大きな力を発揮してくれるパワーストーンといえるでしょう。真実の愛でパートナーを引き寄せてくれるはず。なぜなら、水晶の持つスピリチュアルなパワーを最も発揮するといわれているのがアメシストで、直感力や洞察力、知性も高めてくれるからです。真実の愛を見抜くことによって、たとえ恋におぼれてしまったときでも、冷静さを取り戻してくれるといわれています。

　また、心の平和を促すこの石は、精神を安定させ、心の傷を癒してくれる効果が。自律神経を整え、安眠効果も期待できる石でしょう。

「アメシスト＋ライフ・パス・ナンバーと
数に対応するパワーストーン」の相乗効果

ライフ・パス・ナンバー「1」と「1」のパワーストーン

アメシストとライフ・パス・ナンバー「1」の人、あるいはアメシストを「レッド」のグループである「1」の石と組み合わせることで、必要な情熱をかき立てながらも、物事をしっかりと見極める冷静さを与えてくれるでしょう。特に集中すると「周りが見えなくなってしまう」と感じる人に、ぜひ身につけて欲しいコンビネーションです。

ライフ・パス・ナンバー「2」と「2」のパワーストーン

アメシストとライフ・パス・ナンバー「2」の人、あるいはアメシストを「ホワイト」のグループである「2」の石と組み合わせることで、真実の愛を見抜く力が、よりいっそう高まります。自分にとって本当に必要な縁を見極めることができるようになりますし、魂が求めている人を引き寄せる力も高まるでしょう。

ライフ・パス・ナンバー「3」と「3」のパワーストーン

アメシストとライフ・パス・ナンバー「3」の人、あるいはアメシストを「イエロー」のグループである「3」の石と組み合わせることで、何が自分にとって大事で、今何をすることが、明るい未来につながるのか、冷静に考えることができるで

しょう。希望につながる知性を磨くことができるコンビネーションです。

ライフ・パス・ナンバー「4」と「4」のパワーストーン

アメシストとライフ・パス・ナンバー「4」の人、あるいはアメシストを「グリーン」のグループである「4」の石と組み合わせることで、深い癒しに導いてくれる効果が高まります。また、現実性と精神性のバランスを見極め、心に安定感をもたらしてくれるでしょう。じっくり自分と向き合いたいとき、自分の本音が知りたいときにもおすすめです。

ライフ・パス・ナンバー「5」と「5」のパワーストーン

アメシストとライフ・パス・ナンバー「5」の人、あるいはアメシストを「ブルー」のグループである「5」の石と組み合わせることで、抱えている悩みが、実は「たいしたことではない」と思うことができるようになるでしょう。つまらない不安が払拭されて、開放感を得ることが可能となるコンビネーションです。精神的に強くなりたいときもぜひ。

ライフ・パス・ナンバー「6」と「6」のパワーストーン

アメシストとライフ・パス・ナンバー「6」の人、あるいはアメシストを「ピンク」のグループである「6」の石と組み合わせることで、自分を大事にすることや、深い愛情の本質について学ぶことができるはず。甘えることと自立することの意味と違いを教えてくれます。「自分は依存体質だ」という自覚がある

なら、それを改善する効果も期待できるでしょう。

ライフ・パス・ナンバー「7」と「7」のパワーストーン

アメシストとライフ・パス・ナンバー「7」の人、あるいはアメシストを「ネイビー」のグループである「7」の石と組み合わせることで、物事の本質にたどり着くことが期待できます。次のステージに行くために、どうしても魂の成長が必要なときは、このコンビネーションにサポートしてもらいましょう。大切な気づきが得られるはず。

ライフ・パス・ナンバー「8」と「8」のパワーストーン

アメシストとライフ・パス・ナンバー「8」の人、あるいはアメシストを「オレンジ・ブラウン」のグループである「8」の石と組み合わせることで、自分だけではなく、周りにいる大切な人たちも守る力が強まります。どうすればもっとうまくいくのか、途中で離脱せずに済むのか、迷うときにサポートしてくれるコンビネーションです。

ライフ・パス・ナンバー「9」と「9」のパワーストーン

アメシストとライフ・パス・ナンバー「9」の人、あるいはアメシストを同じ「パープル」のグループである「9」の石と組み合わせることで、深いヒーリングの効果を得られるとともに、スピリチュアルなパワーが強まります。感性が研ぎ澄まされて、これまで見えなかったものが見えるようになる可能性も。安眠効果を、より引き寄せたいときもぜひ。

11 ライフ・パス・ナンバー「11」と「11」のパワーストーン

アメシストとライフ・パス・ナンバー「11」の人、あるいはアメシストを「シルバー」のグループである「11」の石と組み合わせることで、直感が冴え、スピリチュアルなパワーが、よりいっそう引き出される効果があるでしょう。次に何が起こるか、そのために自分は何をすればよいかが、はっきりと見えてくるようになるはずです。

22 ライフ・パス・ナンバー「22」と「22」のパワーストーン

アメシストとライフ・パス・ナンバー「22」の人、あるいはアメシストを「ゴールド」のグループである「22」の石と組み合わせることで、理性と知恵が研ぎ澄まされて、物事を判断する力がよりいっそう高まります。たとえ突拍子もないことが浮かんでも、それが現実にしっかり対応するよう、物事が進んでいく流れになるでしょう。

33 ライフ・パス・ナンバー「33」と「33」のパワーストーン

アメシストとライフ・パス・ナンバー「33」の人、あるいはアメシストを「レインボー」のグループである「33」の石と組み合わせることで、愛の力と祈りの力がパワフルに働くようになります。大きな事を成し遂げたいとき、自分のオーラを強めたいとき、平和な解決を望むときに、ぜひ身につけて欲しいコンビネーションです。

好きな石、気になる石、苦手な石について

「あなたが選んだ色は、あなたの心を表している」

これは、カラーセラピーでよく使われる言葉ですが、実は石を選ぶときにもしばしば引用されます。

「今日はこの色を身につけたいな」など、色を基準になにかを選択しているとき、あるいは無意識にその色を選んでいるとき、人はその色の力を借りている、と考えます。これは、石でも同じです。

「この石が気になる」「最近この石が好きになった」などと思うときは、石を通して「自分の心」を知るチャンスにもなります。

好きな石について

好きな石というのは、無条件に自分に力を与えてくれるパワーストーンといえます。なぜなら好きな石は、それだけでプラスの作用があるからです。好きという気持ちは、無条件に強さにつながるといわれています。

さらに好きな石は、その石のよい状態に惹かれている場合が多いため、「あなたのよさを引き出してくれる石」ともいえます。つまり、自分のよい状態の波動と、その

石のよい状態の波動が引き合っているといえるのです。そのため、自分のよい状態がその石によりさらに引き出され、どんどんよいほうに進んでいく可能性が高いといえます。

　もし好きな石がないという場合は、今現在、自分の中に自信を持ってアピールできるところがないのかもしれません。好きな石があると、それは自身の強みにもつながります。強みはそのまま魅力にもつながりやすいといえるでしょう。逆に、複数好きな石がある場合は、魅力がいくつもあるといえそうです。

［ 気になる石について ］

　好きな石と気になる石にはどんな違いがあるのでしょうか。

　好きな石は「自分のよい状態がその石によって引き出されている可能性が高い」といえますが、気になる石の場合は、まだその状態にはなれていない、一歩手前の状態だといえます。そういう状態になりたいという気持ちの表れでもあるといえるでしょう。

　つまり、「あなたにとって今必要なことが、気になる石に隠れている」ともいえます。

　たとえば、「ホワイトカルセドニー」が気になる石だったとしましょう。「ホワイトカルセドニー」は、人との絆を深め、相手のことを受け入れる力をサポートしてくれる石です。周りとの調和を保つような役割があるため、自分がそういう状態を引き寄せたいと思っているのか

もしれません。あるいは、安定した大人の出会いや良縁を求めている
可能性も。気になる石には、自分が今、何を求めているのかというこ
とを、確認できるともいえるでしょう。

［　苦手な石について　］

　では、苦手な石というのは何を表しているのでしょうか。
　それは、「あなたの弱点や不足しているところ」を表しているといえ
ます。
　なぜなら、苦手という感情は特別な感情のひとつだからです。抵抗
感がありつつも意識してしまうということは、それが気になっている
ということに他なりません。マイナスな感情を持ちながらも意識して
いるということは、そこには自分が認めたくない、向き合うのが難しい、
そういった自分の「弱点」や「不足しているところ」が隠れていると
いえるでしょう。
　苦手な石は、自分と向き合うのに最適な石だともいえます。
　ただ、苦手な石が、気になる石に変わったり、急に好きになったり
することもありますから、そういった変化もぜひ注意深く見つめてい
きましょう。そのときは、自分がマイナスだと感じていた部分を受け
入れられるようになっているはずです。

第5章

実践例

～よりパワーストーンを上手に使うために～

> 数秘術の鑑定結果に合わせて、これまでたくさんのパワーストーンブレスレットを作成してきました。ここでは、わたしが作成したパワーストーンブレスレットを愛用してくださっている方が、実際にどのような変化を遂げたのか、実例をお伝えしたいと思います。

実例 1

「なんとなくうまくいっていない」と感じることが
きっかけで、鑑定にいらした方

　鑑定を通して、まずは「本当の自分を知ること」が大切だということに気づき、それを意識していただくために、主にライフ・パス・ナンバーに該当するパワーストーンを選択し、着用していただくことになりました。

　なぜならその方は、自分のライフ・パス・ナンバーにそれほどピンときていなかったこともあり、「自分のよさがうまく引き出せていないのかもしれない」と感じたからです。もちろんライフ・パス・ナンバーがすべてではありませんし、「あなたはこんな人だ」と決めつけるわけではありません。ですが、ライフ・パス・ナンバーは、「自分を理解する大事な一歩となり得る数」ともいえます。もともと持っている性質なども表しますから、その性質を

該当する石によって引き出すことができれば、自分らしさが生か せるようになり、物事がよい方向に動き出す可能性があるといえ ます。そのことをお伝えし、身につけていただくことになったの です。もちろんその方に、その石をつけてみたいという前向きな 意思もありました。

　ブレスレットを身につけて1ヶ月ほど経った頃に、思いがけな いピンチが訪れたそうです。そのときに、ライフ・パス・ナン バーの数のキーワードを思い出し、思い切ってこれまでと違う行 動を取ってみたのだそうです。そうしたら、そのピンチが大きな チャンスに変わったそうで、さらにそこから、その方を引き上げ てくれる人との出会いにつながったのだそうです。今では、自分 らしく輝け、自分が活躍できるステージにいると実感していると のことでした。実は、最初は半信半疑だったそう。ですが、ブレ スレットを見るたびに、不思議な感覚になったそうで、なんだか パワーがどんどん出てきたと話してくれました。

実例 2　人間関係で悩んでいることがきっかけで、 鑑定にいらした方

　いろいろと話を聞いていると、どうも人間関係で、同じような トラブルを過去にも抱えていることがわかりました。うまくいかない

ときは、どうしても自分の主張が強くなり、相手に歩み寄れない
ことが原因のひとつになっているようでした。その方は、ライフ・
パス・ナンバーのネガティブな部分が強く出てしまう印象です。

　そこで、ライフ・パス・ナンバーに該当するパワーストーンを
選択するだけではなく、同時に「歩み寄り」や「協調性」「汲み
取る力」がキーワードとなっている「2」に該当する石の中から、
その方が気になる石を着用していただくことになりました。自分
のライフ・パス・ナンバーで自分のよさを生かしながら、自分に
は持っていない他の数の波動を取り入れていただく、ということ
が目的です。身につけていただくときに、そのキーワードも思い
出して欲しいと伝えました。

　その方は、自分のライフ・パス・ナンバーの石は素直にいいな
という感覚があったようですが、「2」の石はイヤではないけれど、
見るたびに違和感があったそうです。ただ、どうしても人間関係
を改善したいという思いが強かったようで、「この石がサポートし
てくれる」と自分に言い聞かせたのだそうです。

　数ヶ月経った頃、「2」の石を見ても、違和感がないことに気
づいたとのこと。その辺りから、これまでのようなトラブルが起
こらなくなったのだそうです。確かに自分の主張はするのだそう
ですが、相手に「こちらの話も聞いてくれるようになって嬉しい」
と言われて、ハッとしたのだそう。そこで初めて、自分はこれま
でも相手の話を聞いているつもりだったけれど、そうではなかっ
たということに気づいたのだそうです。

「彼氏が欲しい!」という願いを叶えたくて、
鑑定にいらした方

　お話を聞いていても、とても魅力的だし、彼氏ができないのが不思議なくらい……という印象を持つ方が鑑定にいらっしゃいました。ライフ・パス・ナンバーを見ても、ポジティブなキーワードに当てはまる感じなので、そのままの自分のよさを生かすためにも、ライフ・パス・ナンバーに該当する石にプラスして、出会い運、恋愛運を高めてくれるパワーストーンを組み合わせ、それを身につけていただくことになりました。

　その方は、最初からブレスレットに強く惹かれ、身につけるのがとても楽しみだと思っていたようです。実際に身につけたときに、すごくポジティブなパワーをはっきりと感じたそうです。これはすぐにでも新しい恋を引き寄せることができる、と確信したのだとか。

　その方は、ただ出会いを待っているだけではなく、自らも出会いを求めて行動を開始しました。積極的に周りにも働きかけ、紹介をお願いしたそうです。もちろん1回でよい出会いがあったわけではないようですが、2ヶ月後には「彼氏ができました!」と報告が。

　なにより大きかったのは、パワーストーンブレスレットを身に

つけることで、「心に余裕ができたこと」だそうです。なにもな
かったときは、やはり不安になり焦っていたのだそう。その焦り
が、ブレスレットを身につけることによってなくなったとのこと。
これが一番大きかったのだそうです。

ライフ・パス・ナンバーに該当する石にプラスして、目的別におすすめの組み合わせ例を紹介します。

　ただ「クォーツ」と「ダイヤモンド」は、すべてにおいて有効なパワーストーンになりますので、どの組み合わせにプラスしてもよいでしょう。そのため、あえて組み合わせ例には記載しません。また「ローズクォーツ」は、恋愛・結婚などすべての愛情に関する場面で有効なため、こちらもあえて記載しません。

 ## 恋愛運

新しい出会いを引き寄せたい
- 💎 ピンクトルマリン 　💎 パール
- 💎 ロードナイト

片想いを成就させたい
- 💎 ルビー 　💎 ガーネット
- 💎 ルチルクォーツ

失恋の傷を癒したい
- 💎 インカローズ
- 💎 モルガナイト 　💎 ロードナイト

結婚運

幸せな結婚をしたい 　{ 　🔶 アクアマリン　🔶 ブルーサファイア
　　　　　　　　　　　　🔶 パール

夫婦円満でいたい 　{ 　🔶 ムーンストーン（ペリステライト）
　　　　　　　　　　　　🔶 エメラルド　🔶 ヒスイ

 対人運

円満な人間関係を
築きたい 　　　　{ 　🔶 ブルーレースアゲート
　　　　　　　　　　🔶 アベンチュリン　🔶 アラゴナイト

仲直りをしたい 　{ 　🔶 アマゾナイト　🔶 シトリン
　　　　　　　　　　🔶 ペリドット

 仕事運

仕事運を高め
成功したい 　　　{ 　🔶 タイガーアイ　🔶 サンストーン
　　　　　　　　　　🔶 ルチルクォーツ

才能を伸ばしたい 　{ 　🔶 ラピスラズリ　🔶 ギベオン
　　　　　　　　　　　🔶 オパール

金運

金運を高めたい
- ルチルクォーツ
- シトリン
- アンバー

臨時収入が欲しい
- ラピスラズリ
- ルチルクォーツ
- タイガーアイ

健康運

ストレスを緩和したい
不安を鎮めたい
- スギライト
- アメシスト
- スモーキークォーツ

落ち込んだ気持ちを
立て直したい
- チャロアイト
- ペリドット
- ラリマー

ダイエットしたい
- アイオライト
- マラカイト
- アメシスト

パワーストーンをプレゼントされた or 贈る場合

　贈り物としても人気のあるパワーストーン。家族や友人などから「プレゼントされる」こともあれば、キラキラと輝く石を見て、自分が大切な人に「贈りたい」と思う場合もあるかと思います。

　パワーストーンをプレゼントされた場合、逆に贈る場合はどのようにしたらよいのでしょうか。

[浄化する]

　プレゼントされた石は、さまざまな人に触れられてきている過程があるため、まずは浄化しましょう。浄化してから身につけるのがおすすめです。なぜ浄化が必要なのか、その理由は「パワーストーンの浄化方法」(p63)をぜひ確認してください。

　贈る場合は、浄化する必要がある理由を添えてプレゼントしましょう。もし、浄化方法を説明しづらいなど、パワーストーンを贈ることに少しでも違和感や抵抗を覚えるならば、その相手に贈るのは控えたほうがいいかもしれません。

［ ピンとこない場合 ］

　プレゼントされた石が、たとえ相手の心のこもったものでも、ピンとこない場合もあるでしょう。その場合、どう扱ったらよいか悩むことがあるかもしれません。浄化をすると「つけてみたいな」と思う場合もありますが、浄化をしても違和感を覚えるようであれば、無理をしてつける必要はありません。その石とあなたの波動が合わないのであれば、それは仕方のないこと。「相手に悪いから」というネガティブな気持ちで身につけても、あなたにとってプラスの作用はあまりないといえるでしょう。とはいえ、もしかしたら「つけたい」と思うタイミングがくるかもしれませんから、大切に保管してください。ただ、1年経ってもその石に惹かれない場合は、思い切って手放すことも検討しましょう。その際は「お役目が終わったパワーストーンについて」（p243～ p246）を参考にしてください。

　贈る場合は、上記のようなことがあるかもしれないということを、まずは考慮しましょう。その上で、「喜んでもらえる」という自信がある場合のみ、プレゼントするのがおすすめです。また、たとえ相手が身につけてくれなくても気にしないこと。贈った後は、プレゼントした相手の気持ちに任せることが大切です。

数とパワーストーンを味方にする

　数秘術で鑑定をし、その結果によってパワーストーンを身につけて、嬉しい変化を体験している方を、わたしはたくさん見ています。

　もちろんここで、パワーストーンを身につけると「特別な変化が起こる」と言いたいわけではありません。中には、こちらが想像もしていなかったほどの効果があり、わたしのほうがびっくりするくらいの事例があるのも事実ですが、それは、パワーストーンが魔法のような奇跡を引き寄せたのではなく、それらがきっかけとなって、その方が本来持っている自分の力が引き出された結果なのだと思います。

　自分の人生の主役は、間違いなく自分です。見方を変えれば、どこでも奇跡は起きるのではないでしょうか。そしてその奇跡は、実は自分が主体となって起こしているのです。その奇跡をサポートしてくれるひとつが、数秘術であり、パワーストーンだといえるでしょう。数秘術によって、自分ひとりでは気づくことができなかった自分の新たな側面を発見し、パワーストーンによって、自分ひとりでは引き寄せられなかったパワーをたぐり寄せ、この2つの波動と自分の波動が掛け合わされることで、自分が望む輝かしい未来を、自分の手で創っていくことが、よりいっそう可能になるのだと思います。

お役目が終わったパワーストーンについて

　パワーストーンを身につけていると、さまざまな不具合が起きることもあります。たとえば、ブレスレットやネックレスが切れてしまったとか、石が割れてしまった、石の色が変わった……など。これらの対処法について、ここでは触れていきたいと思います。

【 石をつなぐものが切れた場合 】

　ネックレスが切れてしまった、ピアスの石が落ちてなくなってしまった、ブレスレットのゴムが切れたりほどけたりしてしまった……など、石をつなぐものが切れた場合は、まずはいくつかの物理的な原因が考えられます。そもそも作り自体に問題があったというケースもあるかもしれません。また、どこかに引っかけてしまったなど、負荷がかかってしまったケースも考えられます。シンプルに劣化してしまった、という可能性もあるでしょう。

　とはいえ、特別な理由は見当たらず、たとえば、改めてつないでもまた切れてしまう……なんてことが起こるなら、それはなにかのメッセージだととらえてもよいかもしれません。「きっとなにかの気づきを与えてくれているんだ」と思ったり、「石が身代わりになってくれたのか

もしれない」と感じたり、そのときに自分がピンときた感覚を大事に
することも、大きな意味があるでしょう。

　実際の現象をどうとらえるかは、自分次第です。感覚に化学的な根
拠を求めることは難しいのが現状ですが、そこになにかの兆しを感じ
取り、自分が「そうかもしれない」と感じるなら、それもひとつの答
えだといえます。化学的な根拠も大事ですが、わたしは自分の心で納
得できることが、とても大切だと思っています。

　切れてしまったとき、「なにかよくないことが起こるのでは？」と思
う人もいるかもしれませんが、切れた後に嬉しい変化が起こるという
話もたくさん耳にします。あまり神経質にならず、マイナスに感じる
ときは、お役目が終わったととらえ、海や川に流したり、土に埋めた
りしましょう。そのときに感謝の気持ちを込めることも大切です。も
しまだ身につけたいと思うなら、新しくつなぎ直して使用しても大丈
夫です。その際は、改めて浄化をしてください。

［ 石が割れた、または変色した場合 ］

　身につけていると、石が欠けてしまった、割れてしまったというこ
ともあるかもしれません。どこかにぶつけてしまったなど、原因がはっ
きりとわかっている場合もあれば、気づいたら石そのものがなくなっ
ていたということもあり得ます。また、石の変色は、太陽光の影響も
考えられますし、石の処理による着色などの影響や、汗や水など日常

生活の使い方によるケースもあるでしょう。

　いずれにして、こういう変化があるときは「悪いことが起こるのかもしれない」などと安易に考えず、自分を見つめ直すきっかけにしていただけたらと思います。その石に願いをかけていたなら、その願いを改めて再考することも、前に進むきっかけとなるでしょう。

　色が濁ったように感じる、あるいは石が欠けたり割れたりした場合は、お役目が終わったととらえるのがよいと思います。感謝の気持ちとともに、自然に返しましょう。

　石は地球が作った天然のアイテムになりますから、自然に返すことは問題になりません。ただし、そこに付属しているもの（ゴムなど）はゴミとして適切に廃棄しましょう。

取り替えや買い替えの目安について

　石はどれくらいのタイミングで買い替えたりしたほうがよいのか、よくご質問をいただきます。これはケースバイケースであり、一概に示せる期間などはありません。「これだ」と思う石を一生身につける人もいますし、そのときどきの願いによって石を買い替える人もいます。

　それでも、買い替えたほうがよいなと思うタイミングは、上記で触れたように、やはり石をつなぐものが切れてしまったときや、石が欠けたり割れたりしたとき、石が変色した場合などといえるでしょう。それを機になにかの兆しを感じ取り、自ら新しい石を持ち、流れを変

えていくということもよい変化になる場合があります。

　また、なんとなくその石を「もう身につけたくない」と思ったり、「ほかの石が気になる」と感じたりしたときも、替えどきだといえるかもしれません。

　ゴムや糸については劣化する可能性がありますから、切れる前に新しいものに変える、というのもひとつの方法です。半年〜1年の間に、新しいものに取り替えておけば安心でしょう。

おわりに

「数秘術」と「パワーストーン」は、今ではわたしにとって欠かせない大切なツールとなっています。

　もちろん他の占術である「西洋占星術」や「タロットカード」も特別ですし、「アロマセラピー」や「カラーセラピー」も大事なツールです。どれも欠かすことができないくらい大切で、生活の一部となっています。

　とはいえ、やはり「数秘術」が、わたしの人生をより豊かにしてくれているツールであることは疑いようがなく、「パワーストーン」が、人生の伴奏者ともいえる存在であることも、間違いありません。

　実は、この２つを掛け合わせた本を執筆することは、通信講座を始めた頃からのわたしの願いでした。ということは……そうです！　この本を出版しているということは、まさにこの２つが「願望実現の最強ツール」だという証明にほかなりません。

　わたしが自分でそれを証明したわけですから、自信を持っ

てこの2つのツールを、みなさんにもおすすめしたいと思います。

　もちろん本書が出版に至った背景に、いろいろな方のサポートがあったことはいうまでもありません。担当者である説話社の高木利幸さんが、数秘術とパワーストーンの組み合わせを提案してくださらなければ、きっと本書は誕生しなかったでしょう。細やかなアドバイスをいただいただけではなく、自由に執筆させていただき、本当にありがたく思っております。また、高木さんを紹介してくださった、長年お世話になっている占い師の藤森緑さんにも、この場を借りて深く感謝いたします。

　世の中には、毎日たくさんの本が出版されていますし、占いの本やパワーストーンの本も数多く出版されています。とはいえ、これは当たり前ではなく、実はすごい奇跡だということを、ここに改めてお伝えしたいと思います。なにしろ企画から執筆、編集、校正を重ね、印刷、製本……などという工程を踏むと、一般的に本ができあがるまで半年から1年近くかかるのですから。多くの方の手を借りて、こうしてみな

さんの元に本が届くかと思うと、本当に感慨深いです。また、こうした奇跡が続いていることに、感謝せずにはいられません。関わってくださったすべての方に、改めてお礼を伝えたいと思います。本当にありがとうございます。

　これだけたくさんの方にサポートされて出版されているわけですから、わたしはこの本が世に出る価値と意味があると信じています。

　本書を手にとってくださった方が、「数秘術」と「パワーストーン」というツールによって、より豊かな人生を歩むことができますように。願望を実現して、輝かしい未来を手にすることができますよう願ってやみません。

　そして最後に、どんなときでも惜しみないサポートをしてくれる家族、特に母へ深い感謝を捧げたいと思います。

　2023 年 5 月　　　　　　　　　　　　　　　水谷奏音

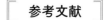

参考文献

飯田孝一『ジェムストーン　天然石がわかる本（上）』
（マリア書房・2006年）

飯田孝一『ジェムストーン　天然石がわかる本（下）』
（マリア書房・2007年）

リズ・シンプソン、下園淳子（訳）『クリスタル・ヒーリング』
（ガイアブックス：新装普及版・2005年）

結城モイラ『パワーストーンの教科書』
（新星出版社・2015年）

伊泉龍一、斎木サヤカ『数秘術完全マスターガイド』
（駒草出版・2009年）

水谷奏音『パワーストーンで人生を幸せに変えるコツ』
（テクニカルスタッフ・2010年）

水谷奏音『基礎からわかる　数秘術の完全独習』
（日本文芸社・2020年）

水谷奏音『なりたい自分になる　引き寄せ数秘術の教科書』
（河出書房新社・2021年）

［ 著者紹介 ］

水谷奏音 (みずたに・かのん)

商社で社長・役員秘書を務め、在勤中にフォーチュンカウンセラーのライセンスを取得し、独立。数秘術、パワーストーン、西洋占星術、タロットカード、カラー、アロマをツールに講座・鑑定・カウンセリング・商品開発を行う。また、雑誌・各種媒体の占い連載など、執筆活動を多数手がける。通信講座（キャリカレ）では数秘術とパワーストーンの講座を担当し、多方面で活躍中。
『数秘術×12星座で自分をもっと深く知る本』（日本文芸社）
『なりたい自分になる 引き寄せ数秘術の教科書』（河出書房新社）
『基礎からわかる 数秘術の完全独習』（日本文芸社）
など、著書多数。

水谷奏音オフィシャルサイト
https://www.kanon-mizutani.com/

数秘術×パワーストーン ～願望実現の最強ツール～

2023 年 11 月 1 日 初版発行

著　者　水谷奏音
発行者　高木利幸
発行所　株式会社　説話社
　　　　〒 102-0074　東京都千代田区九段南 1 − 5 − 6
　　　　りそな九段ビル 5 階

デザイン　染谷千秋
口絵・写真　水谷奏音
印刷・製本　中央精版印刷株式会社

©Kanon Mizutani Printed in Japan 2023
ISBN 978-4-910924-15-1 C2011

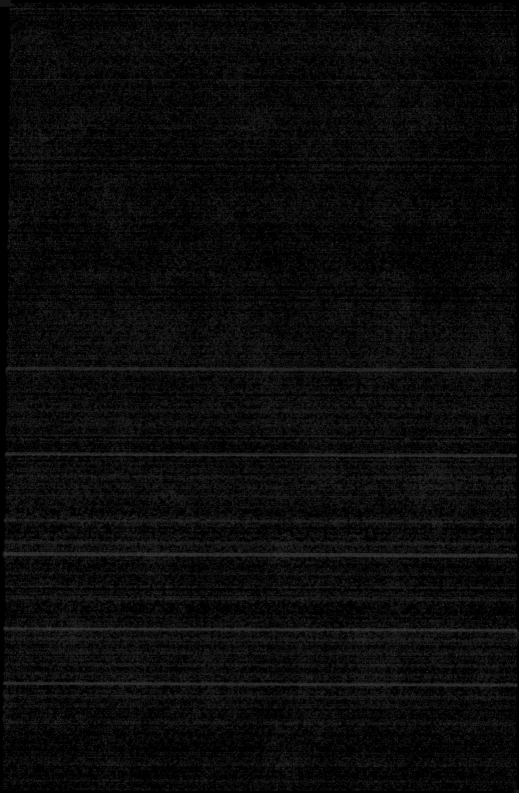